Michaele Scherenberg • Karl-Heinz Stier

Hessisches Bierkochbuch

Biergenuss à la carte

Rezepte mit Bier
Geschichte und Geschichten
rund um den Gerstensaft

Wartberg Verlag

Fotonachweis:
Michaele Scherenberg: S. 4, 79
Jochen Schlüter: Umschlag, S. 1
Alle übrigen Bilder aus dem Archiv Gerd Grein,
Veste Otzberg, Odenwald.

2. Auflage 2003

Druck: Thiele & Schwarz
Buchbinderische Verarbeitung: Büge, Celle

34281 Gudensberg-Gleichen • Im Wiesental 1
Telefon (0 56 03) 9 30 50 • www.wartberg-verlag.de
ISBN 3-8313-1029-7

INHALT

Vorwort: Ein Lob dem Bier . . . . Seite 4

Bier – ein besonderer Saft

Biergeschichte – Geschichte mit Genuss . . . . . . Seite 6
Ein Lob dem Met . . . . Seite 9
Bier aus Affen und Pfaffen . . . . Seite 10
Historische Bierkrüge . . . . Seite 11
Na dann – Prost! . . . . Seite 12
Braukunst in alter Zeit . . . . Seite 14
Gambrinus – König der Bierbrauer . . . . Seite 16
Spruchreifes vom Bier . . . . Seite 17
Jedem sein Bier . . . . Seite 18
Und so wird Bier gebraut . . . . Seite 20
Hopfen – Die Seele vom Bier . . . . Seite 24
von Hans-Jürgen Schäfer, Schlitz
Bier als Labsal großer Geister . . . . Seite 29
Es lebe das Reinheitsgebot! . . . . Seite 30

Rezepte mit Bier

Suppen . . . . Seite 34
Hauptgerichte . . . . Seite 38
Leckere Kleinigkeiten . . . . Seite 52
Desserts und Getränke . . . . Seite 62

Kleine Bierkunde

Welches Bierchen soll's denn sein? . . . . Seite 70
Untergäriges Bier . . . . Seite 72
Obergäriges Bier . . . . Seite 73
Bier ist gesund . . . . Seite 74
Tipps und Tatsachen . . . . Seite 75
Aberglaube rund ums Bierglas . . . . Seite 76
Großmutters Biertipps . . . . Seite 78
Hessische Liebeserklärung ans Bier . . . . Seite 79
von Hans-Peter Langlotz, Mundartsänger
Zu guter Letzt . . . . Seite 80

Ein Lob dem Bier

„Durst wird durch Bier erst schön" – lautet ein unter Bierfreunden wohlgemeinter Spruch. Und da ist viel Wahres dran: Stellen wir uns doch zum Beispiel ein Thermometer vor, dessen Grade in die Höhe klettern. Schwitzend und matt schleppen wir uns durch die Gegend, die Kehlen sind ausgetrocknet. Ja, und woran denken wir zu allererst? An ein schäumendes Glas Bier, das schon beim ersten Schluck die Erquickung bringt, Gaumen und Lippen kühlt und dessen Zug kein Ende nehmen will...

„Ein Königreich für ein Glas Bier" – soll auch einmal ein vom Durst gequälter Blaublüter ausgerufen haben. Und wie leicht ist diese Sehnsucht nachzuempfinden! Wenn auch in den letzten Jahren der Bierkonsum nachgelassen hat und der Kokurrenzkampf unter den Brauereien immer heftiger wird – Bier braucht um seinen Stellenwert als das am weitesten verbreitete alkoholische Getränk nicht zu fürchten! Allein in Deutschland gibt es über 5000 verschiede Biersorten. Für ihre Vielfalt sorgen die vielen mittelständischen heimischen Brauereien. Gerste und Weizen, Hopfen und das Wasser aus der Region geben den Bieren jeweils ihren unverwechselbaren Geschmack.

So besonders der Geschmack der heimischen Biere, so unverwechselbar sind auch die regionalen Gerichte. In unserer Sammlung haben wir Bierrezepte zusammengetragen, die Appetit machen!
Wir danken dabei herzlich der regen Mitwirkung hessischer Gastronomen und hessischer Landfrauen. Die Rezepte sind – wenn nicht anders angegeben – in der Regel für 4 Personen berechnet. Wenn es jedoch um Biergenüsse geht, dann erschöpfen sich diese nicht nur in schmackhaften Gerichten. Bier kann zu mancher Gelegenheit positiv auf den Menschen wirken. So soll ein Busen beispielsweise durch Biereinreibungen fülliger werden, und manches Wehwehchen wird angeblich durch Biergenuss geheilt. Auch welche großen Geister der Geschichte und Literatur dem Bier ihre Reverenz erwiesen haben, wird im Buch beschrieben. Biersprüche, Biergedichte, Bierweisheiten und Bieraberglauben fügen sich an.

Und wer schon immer einmal wissen wollte, wie denn nun Bier überhaupt gebraut wird und warum der Hopfen die „Seele" des Gerstensaftes ist, der findet im vorliegenden Bierbuch die Antworten. Und natürlich geht es auch um praktische Tipps zum Bier – von der richtigen Lagerung bis zum formvollendeten Ausschank und zur Frage, in welchem Trinkgefäß das Bier denn nun am besten schmeckt!

Lesen Sie also als ein bedächtiger, probieren Sie danach als ein genussfreudiger und erfreuen Sie sich schließlich als ein geselliger Bierfreund an dem Bier, das wir Ihnen diesmal verzapft haben!

Ihne Ihre Michaele
und Ihne Ihrn Karl-Heinz

Biergeschichte

Geschichte mit Genuss!

Bier ist ja eine rechte Göttergabe! Wer durstig den schäumenden Gerstensaft vor sich stehen sieht, frisch gezapft und golden, dem fällt das sicher nicht schwer zu glauben! Wie viele Hektoliter des labenden und nährenden Getränks seit den rund 6000 Jahren seiner Geschichte schon durch die Kehlen der Menschheit gelaufen sind – wer vermag das zu schätzen!

Die ältesten schriftlichen Hinweise auf Bier stammen von den Sumerern und den Babyloniern. Die Sumerer sollen zwischen 3000 und 4000 Jahren v. Chr. bereits 26 verschiedene Biersorten gekannt haben. Das Gilgamesch-Epos berichtet von dem Halbwilden namens Enkidu, dem Freund des späteren Helden Gilgamesch, dass er erst aufrecht gehen konnte, nachdem er ein halbes Dutzend Brote gegessen und sieben Krüge Bier getrunken hatte!

Die Keilschrift der Sumerer gibt auch über die damalige Herstellung von Bier Aufschluss: „Emmer“, eine Weizenart, oder auch Gerste wurde gemahlen und mit Wasser und Sauerteig verknetet. Aus diesem Teig buk man dann Brote, die außen zwar eine knusprige Kruste hatten, innen aber noch halb roh waren. Die Brote wurden zerkrümelt, in Wasser gegeben und mehrere Tage zum Gären in die Sonne gestellt. Der schäumende Saft kam danach durch ein Sieb. Er wurde gewürzt mit Honig oder geriebener Rettichwurz und war nur kurze Zeit haltbar. Übrigens sollen die Menschen damals eine Art „Schnorchel“ in ihr Bier getaucht haben, einen Halm, der ähnlich aussah wie ein kleiner Brausekopf. Das Bier war nämlich eine recht trübe Brühe und so blieben beim Trinken die Hefeteilchen zurück.

Der Bierkonsum war bei den Sumerern teilweise so hoch, dass die Hälfte der Getreideernte zu Malz verarbeitet und dann in Bier umgesetzt wurde.

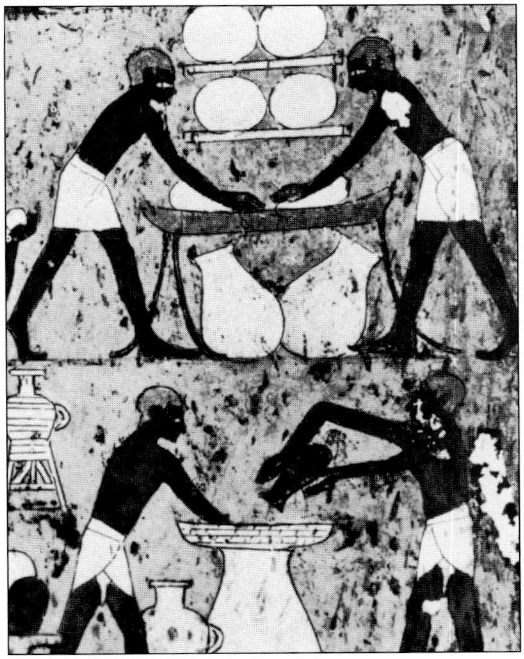

Als das Sumerische Reich ca. 2000 v. Chr. zerfiel, übernahmen die Babylonier die Macht im fruchtbaren Zweistromland zwischen Euphrat und Tigris.
Die Babylonier glaubten fest daran, dass der Sonnengott persönlich das Bier erfunden habe. Die Babylonier stellten übrigens auch bereits fast 20 Sorten Bier her und vergoren geröstete Gerste mit Sauerteig, ohne den Umweg über das Brot zu nehmen. Die Krüge mit den besten Bieren wurden natürlich den Göttern dargebracht.
Das Ausschenken des Gerstensaftes war Frauensache. Doch konnte das erste Schankgesetz der Welt bei den Babyloniern auch über Leben und Tod der „Bierdamen“ entscheiden. Wenn nämlich die Schankmädchen den Gästen zu wenig in die Gläser eingossen, wurden sie zum Tod im Fluss verurteilt. Das eigenhändige Ertränken übernahm sogar König Hammurabi (1728–1686 v. Chr.) höchstpersönlich.
Auch die Strafen gegen Bierpanscher waren hart. Wer dabei ertappt wurde, musste damit rechnen, dass man ihn in einem seiner eigenen Bierfässer ertränkte. Übrigens wurden bei den Babyloniern fast alle Heilmittel in Bier aufgelöst und dann getrunken.

„Küsse ich sie und sind ihre Lippen offen, so frohlocke ich auch ohne Bier!“

Liebeslied aus dem alten Ägypten

Von den Babyloniern lernten die Ägypter das Bierbrauen. Sie verfeinerten den süßen, schweren Gerstensaft durch den Zusatz von edlen Bitterstoffen – unter anderem Safran, Anis und Ingwer.
Bier galt im alten Ägypten als wichtiger Trank zur Kräftigung bei schweren Arbeiten. Wer weiß, ob ohne Biergenuss jemals die Pyramiden errichtet worden wären!

Nachweislich wurde beim Bau der Pyramiden eigenes Bier in großen Mengen für die Arbeiter gebraut – zum Erhalt der Körperkräfte und der guten Verdauung. Außerdem erhielten die Arbeiter noch regelmäßige reichliche Rationen an Knoblauch gegen Infektionskrankheiten.
Aber das Bier hatte seine Freunde auch unter den ersten Männern des Landes: Auf einer Pyramideninschrift in Theben – rund 1800 v. Chr. – heißt es, dass in der königlichen Hofhaltung 130 Krüge Bier täglich verbraucht würden. Und dabei griffen nicht nur die Männer zum labenden Saft. Auf einer Grabinschrift von Theben befielt eine Hofdame ihrer Dienerin: „Bring mir achtzehn Gefäße Bier, ich will trunken werden!“

„Wenn sie diesen Gerstenwein zu sich nehmen, sind sie lustig, singen, tanzen und benehmen sich, als ob sie voll des süßen Weines wären.“

Geschichtsschreiber Cassius über ägyptische Sklaven beim Bau der Pyramiden

Das Bier erlebte aber auch Jahrhunderte der Schmähungen. Römer und Griechen bevorzugten eindeutig den Wein. Der römische Geschichtsschreiber Tacitus rümpfte 98 v. Chr. sogar die Nase – seiner Wahrnehmung nach schien das Bier der Gallier „nach dem Ziegenbocke zu stinken“, ein wahres „Kopfweh“-Getränk“, wie sein Kollege Marcellinus ergänzte.
Die Germanen kannten übrigens den Hopfen und seine Wirkkraft noch nicht und würzten ihr Bier mit Eichenrinde, Wacholder, Pilzen oder Misteln. Oft wurden auch Nesseln beigegeben, sie sollte das Umschlagen des Bieres verhindern. In den germanischen Mythen galt das Himmelsgewölbe als großes Braugefäß: War der Himmel bewölkt, so wurde göttliches Bier gebraut, wenn es donnerte – so der Glaube – putzten die Götter den Sudkessel!

So ganz und gar waren die Römer in Gallien aber dem Bier doch nicht abgeneigt. Bei Ausgrabungen wurde in Bayern eine römische Brauerei aus dem 3. Jahrhundert entdeckt. 6000 römische Soldaten samt Trosswurden waren hier angeblich mit Gerstensaft versorgt worden!

Ja, das Bier war schon stets Lustobjekt für die Gallier. Neben dem Gerstensaft frönten sie allerdings auch noch dem Met, der aus vergorenem Honig bereitet wurde – Hauptsache, das Trinkhorn war voll! Über diese Trinkfestigkeit notierte schon der Römer Tacitus: „Die Gallier können alles ertragen – nur keinen Durst!“

Wann ein Bier sauer worden, wie solches wieder zurechte zu bringen, und trinklich zu machen seyn mag.

1. Gebrauchet man das Gerstenbrod, wie gesagt, so oft, bis alle Säure vergangen.

2. Benedictenwurzel, wilde Salbey, Dosten, Hartenheim, Bertram, Scordium und Odermennig, in das Faß gehacket.

3. Oder: Man nimmt auf einen Eymer Bier ein Pfund Kreyden, und zwey Händ voll Potaschensalz, vermischet es, klein

Brotbier

Geschrotetes Malz mit etwas Roggenmehl und Kleie verkneten, kaltes Wasser zugeben und kleine Brote formen. Ein wenig fein zerriebenen Hopfen einkneten.
Die Brote vor dem Gehen in den Backofen schieben. Die garen Malzbrote nach dem Backen in walnussgroße Stücke schneiden und in einen Bottich mit abgekochtem Wasser füllen. Den Bottich 2–3 Stunden stehen lassen, die Flüssigkeit (die Würze) abzapfen, in einen Kübel geben und mit Hefe ansetzen. Ist die Gärung abgeschlossen, nimmt man das Brotbier vom Fass und füllt es in Flaschen.

Ein Lob dem Met

Der berauschende Bruder vom Bier war bei den Germanen der Met. Das bierähnliche Getränk wurde aus gemalztem Hafer gebraut, unter Zusatz von Honig. Im 13. Jahrhundert ersetzte man den gemalzten Hafer durch Gerstenmalz und ab und zu wurde sogar etwas Hopfen beigegeben.
In manchen Regionen führten die Burschen ihre Mädchen „zum Met“. Der Genuss des berauschenden Getränks konnte angeblich Schönheit und vielerlei Kräfte verleihen.
Gebäck mit Met bereitet, sollte alte Männer wieder munter machen, dem „alten Reiter aufs Pferd helfen“, die Lenden stärken, eine gute Farbe und frisch Geblüte machen!

Zubereitung von Met

Honig und Wasser werden im Verhältnis 1:8 in einen Kupfertopf gegeben und zu 2/3 der Menge eingekocht. Als Gewürze gibt man einen kleinen Beutel zu, der mit Ingwer, Muskatnuss, Nelken und Zimt gefüllt ist. Man kann auch ein wenig Hopfen nehmen. Während der Met gekocht wird, entwickelt sich Schaum. Dieser muss drei Stunden lang ständig abgeschäumt werden. Ist der Sud erkaltet, kommt er in einen großen gläsernen Gärballon mit Gärröhrchen – nach zwei Wochen gibt man die Bierhefe dazu. Nach zwei weiteren Wochen setzt die Gärung ein. Ist die Gärzeit zu Ende, wird der Met von der Hefe genommen, abgefiltert und in eine Flasche luftdicht abgefüllt.

Bier aus Affen und Pfaffen

So verschieden wie die Biertrinker, so unterschiedlich waren und sind auch die Biergefäße. Getrunken wurde aus den Hörnern von Auerochsen. Stammesfürsten tranken aus silberbeschlagenen Bechern. Bis ins 17. Jahrhundert hinein trank man übrigens aus großen Pokalen. Im Jahre 1589 schrieb ein Chronist: „Uns Teutschen kann man die Trinkgeschirr nicht groß und seltsam genug machen, man trinkt aus Affen und Pfaffen, Mönchen und Nonnen, Bären, Eulen und Käuzen ja aus dem Teufel selbst einander zu.“ Das Volk trank Bier aus geböttcherten und gedrechselten hölzernen Bechern. Könige und Fürsten ließen den Gerstensaft in ihre goldenen Bierkannen füllen.

In Ratsstuben und Patrizierhäusern servierte man das Bier in silbernen oder silbervergoldeten Pokalen. Aus diesen Zeiten rührt der Spruch:

„Am Becher erkennt man den Zecher.“

Historische Bierkrüge

In außergewöhnlichen Bierkrügen wurde der Gerstensaft schon immer zu besonderen Gelegenheiten ausgeschenkt. So gab es die Hochzeitskrüge, Jubliläumskrüge und Sterbekrüge. In Norwegen gab es noch lange Zeit die uralte Sitte, dass die Neuvermählte ihrem Gatten am Hochzeitsmorgen selbstgebrautes Bier auftischte. Besondere Inschriften waren in die Krüge eingraviert oder aufgemalt – Weisheiten über die Liebe, Bedenkenswertes über Leben und Tod. Oft war es üblich, dass der Bräutigam seiner Braut zur Hochzeit einen besonders geschmückten Krug verehrte – meist war er aus teurem Zinn gegossen oder auch aus feinem Ton gebrannt. Zur Hochzeit wurde aus solchen Krügen der Willkommenstrunk gereicht.
Wurde einer der Eheleute beerdigt, tranken Witwer oder Witwe dem verschiedenen Ehepartner daraus den Abschiedstrunk zu. In manchen Ortschaften wurde das Bier für den „Leichenbitter“ aus dem Sterbekrug von Gast zu Gast weitergereicht, es wurde „die Totenseel vertrunken“, wie es im Volksmund heißt. Auch bei der Taufe spielte einst das Bier – das „Kindelbier“ – eine große Rolle. Hatte eine Mutter eine Fehlgeburt, so wurde das im Volksmund umschrieben mit „Das Kindelbier ist verbladdert.“.

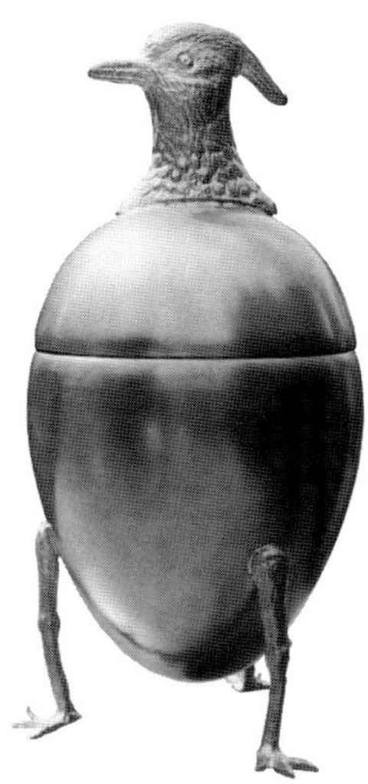

Na denn – Prost!

Otto von Bismarck:
»Wer zu seiner Zigarre ein Bier trinkt, den kann man nicht so leicht in Rage bringen!«

Warum hat der Bierdeckel im Maßkrug ein Scharnier?

Im 16. Jahrhundert galten Fliegen als Verbreiter von Pest. Weil das Bier vor Fliegen geschützt werden sollte, verordnete ein Dekret Anfang des 16. Jahrhunderts den Deckel auf dem Bierkrug für jedermann.

Wie wurden einst Bierflaschen verschlossen?

Ursprünglich sorgte der Naturkork dafür, dass das Bier nicht aus dem Krug oder der Flasche entwich. Später folgte der Bügelverschluss, der auch heute bei manchen Bieren wieder genutzt wird. Der vor allem gebräuchliche Kronkorken ist eine Erfindung des irisch-stämmigen Amerikaners William Painter. Seit 1892 ist dieser Verschluss üblich.

Was ist ein Klöppelglas?

In diese Gläser, die es nur noch im Museum zu sehen gibt, war im Boden ein Klöppel eingearbeitet. War das Glas leer, drehte es der Gast in der Wirtschaft einfach herum und ließ den Klöppel erklingen. So wusste die Wirtin: „Hier wird ein neues Bier gebraucht!"

Für manchen Biertrinker ist die Farbe des Bieres – hell oder dunkel – die wichtigste Unterscheidung. Für den Kenner aber eröffnen sich noch viel mehr geschmackliche Spielarten beim Gerstensaft. Und wer seinen Gästen einmal etwas Besonderes bieten möchte, der sollte statt einer Weinprobe mal eine zünftige „Bierprobe" wagen!

Woraus trinkt man sein Bier?

Pils wird aus schmalen hohen Pokalgläsern, den „Tulpen", getrunken oder aus Glasseideln mit flaschengrünem Henkel. **Kölsch** schenkt man in dünne Stangen ein. Das **Altbier** schmeckt aus einem breiten, zylindrischen Glas. **Berliner Weiße** kommt im breiten Kelchglas daher. Das **bayerische Weißbier** verlangt nach hohen keulenförmigen Gläsern – ja, und dann gibt es natürlich noch den 1-Liter-Bierkrug aus Steingut, die **„Maß"**, die vor allem in Bayern unverzichtbar ist!

Nur „Bierbanausen“ legen ihr Bier ins Eisfach oder holen es aus der warmen Zimmerecke. Denn kaltes Bier schmeckt ebenso wenig wie eine lauwarme Gerstenbrühe. Ein zu kaltes Bier kann übrigens auch nicht richtig schäumen. Die ideale Temperatur bei der Bierpflege und beim Biergenuss beträgt 7–9 Grad.

Man kann diese ideale Biertemperatur am besten erreichen, wenn man den Kühlschrank auf „mittlere Leistung“ stellt. Aber Vorsicht: Bier darf im Kühlschrank keinesfalls wochenlang verkümmern! Ein Bierkenner legt sein Bierchen erst einige Stunden vor dem Genuss ins Kalte. Und wenn sich viele Gäste angesagt haben, dann nutzt er manchmal auch die eisgefüllte Badewanne.

Am wohlsten fühlt sich das Bier im dunklen, kühlen Keller bei ausgeglichenen Temperaturen von 8–10 Grad. Länger als sechs Wochen jedoch sollte man die Flaschen auch dort nicht auf ihre wahre Bestimmung warten lassen. Ein zu altes Bier ist kein Genuss mehr, es wird schal, schmeckt abgestanden und entwickelt keine stolze Schaumkrone mehr.

Ein Schweizer Biertrinker verglich den Bierschaum einmal mit dem Kleid einer Frau:
„Er ist nötig, hübsch anzusehen, verhüllt aber nur das Wesentliche darunter!“

Wichtig für den gepflegten Biergenuss ist auch das gekonnte Einschenken. Beim Einschenken das Bierglas etwas schräg halten und aus der Flasche in gebührendem Abstand einschenken: zunächst nur bis zur Hälfte, bis der Schaum zum Glasrand steigt. Ist der weiße Schaum nach unten gesunken, muss man noch zwei-, dreimal nachgießen. Die Schaumkrone, die so genannte „Blume“, soll idealerweise 4–5 cm über dem Glasrand stehen und ebenso tief in das Glas hineinreichen.

Je frischer das Bier, umso schöner die Blume! Kenner behaupten, dass ein Pils 3–4 Minuten Zapfzeit braucht.

Weißbiere wollen natürlich besonders sorgsam eingeschenkt sein, sonst hat man ganz schnell das ganze Glas voll großporigem Schaum. Hier hilft es auch, das Glas vor dem Einschenken mit kaltem klaren Wasser auszuspülen.

Und natürlich müssen die Biergläser „tipptopp“ sauber sein, sonst steigt der Bierschaum nicht. Biergläser übrigens nicht in der Spülmaschine spülen, sie werden innen zu glatt. Bierkenner reinigen die Gläser nur mit klarem, heißen Wasser, spülen sie ab, lassen sie abtropfen und polieren sie dann nur aussen. Schlanke, hohe „Tulpen“ übrigens lassen das Bier leuchten und halten den Schaum zusammen.

Braukunst in alter Zeit

Der Bierbreuwer.

Auß Gersten sied ich gutes Bier/
Feißt vnd Süß/auch bitter monier/
In ein Breuwkessel weit vnd groß/
Darein ich denn den Hopffen stoß/
Laß den in Brennten külen baß/
Damit füll ich darnach die Faß
Wol gebunden vnd wol gebicht/
Denn giert er vnd ist zugericht.

M iij

Das Brauen von Bier war lange Zeit jedem Einzelnen freigestellt. Im frühen Mittelalter gehörte das Bierbrauen ebenso wie Schlachten und Brotbacken zur Wirtschaft jeden Hofes. Das Lied vom Rumpelstilzchen im Märchen der Brüder Grimm hat hierin auch seinen Hintergrund: „Heute back ich, morgen brau ich..." Im ländlichen Leben nämlich wurde am Tag, der auf den Backtag folgte, das Bier gebraut.

Aus der Nähe zwischen Brauer und Bäcker hat sich übrigens später auch ein eigentümlicher Konkurrenzkampf entwickelt, der sich in manchen Sprichwörtern niederschlug wie „er hält es bald mit dem Bäcker, bald mit dem Brauer" oder „Brauer bitten um gutes, Bäcker um schlechtes Wetter" und „Was der eine nicht backt, braut der andere!". Die am Backtag gewonnene Hefe war jedenfalls in ländlichen Haushaltungen ideal für den Gärungsprozess des Bieres. Einzelne Städte stellten sogar Brauhäuser zu Verfügung oder liehen Braupfannen an die Bürger aus. Wer kein Bier selbst brauen konnte, stellte sich zumindest einfaches Brotbier her.

Um die Braukunst machten sich vor allem die geistlichen Ordensherren verdient. Die Mönche brauten bereits im 8. und 9. Jahrhundert Bier als „flüssiges Brot" – es sättigte und schmeckte zugleich. Die trinkfreudigen Mönche verbreiteten schnell die gute Kunde vom köstlichen Saft. Auf der Seite der Klöster waren es im Mittelalter vor allem die Zisterzienser und die Benediktiner, die sich um die Verfeinerung der Braukunst verdient machten. Viele Klöster verfügten über eigene Brauhäuser, ausgestattet mit Mälz-, Kühl- und Gäranlagen.

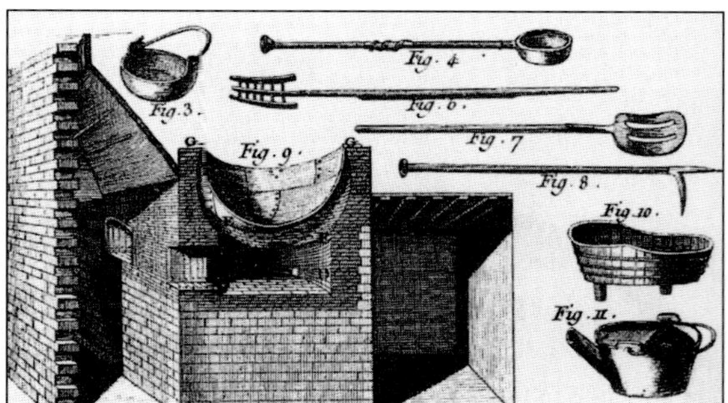

Die berühmte Ärztin und Klosterfrau Hildegard von Bingen gründete 1147 das Kloster auf dem Ruppertsberg bei Bingen und schrieb als erste über den Nutzen von Hopfen im Bier.
Es waren die Klöster, die den Hopfen als Bierwürze populär machten. Und sie brauten auch die besten und stärksten Biere. Zeitweise gab es in Deutschland 500 Klosterbrauereien. In vielen Sudhäusern findet man noch heute die Inschrift: „Gott gebe Glück und Segen drein!" Dieser Wunsch stammt aus der Zeit, als das Bierbrauen Sache der Klöster war. Erst die Säkularisation setzte 1803 dem Brauwesen der Klöster ein Ende.

Kaiser Karl der Große unterbrach im Jahre 800 n. Chr. das freie Brauen. Er behielt von da an das Braurecht den Königs- und Reichshöfen vor. Das Recht zum Bierbrauen wurde nur noch als Lehen vergeben – an Städte, Klöster oder Adelshöfe.
Das Wachstum der Städte im 12. und 13. Jahrhundert machte das Bier zu einem begehrten Handelsartikel. Viele Städte zogen das Braumonopol an sich. Die Erlaubnis Bier zu verkaufen, wurde streng kontrolliert. Braumenge und Brauzeiten waren genau festgelegt. Natürlich wurden auch die Qualität des Bieres und der Verkaufspreis kontrolliert. Die Obrigkeit belegte das Brauen und das Bierausschenken mit Verbrauchssteuern wie dem „Malzpfennig" – vielfach half so der Biergenuss rund ein Viertel der städtischen Einnahmen zu bestreiten.

In den Städten selbst wurden Schankordnungen erlassen. Eine deutsche Brauereihochburg war vor allem Einbeck, eine kleine Stadt im heutigen Niedersachsen, die seit dem 14. Jahrhundert ihr kräftiges Bier an die deutschen Fürstenhöfe auslieferte. Auch in vielen norddeutschen Städten verstand man sich aufs Bierbrauen, die Zünfte kontrollierten die Qualität.
Mit dem Erlass des Reinheitsgebotes wurde auch die Qualität des bayerischen Bieres besser. In München wurde 589 das erste Hofbräuhaus gebaut.
Mit dem Beginn des 19. Jahrhunderts brach für das Brauwesen in ganz Europa eine neue Blütezeit an. Um 1800 wurde der Bierzwang in den Städten abgeschafft, jeder konnte nun das Bier trinken, das ihm am besten schmeckte.
Hatten zuvor noch Einschränkungen durch Zünfte und Gilden die Brauerkunst eingeengt, so ließ die Einführung der Gewerbefreiheit den Bierhandel erst richtig florieren. Überall schossen nun Brauereien aus dem Boden und Bier wurde noch populärer!

Gambrinus, König der Bierbrauer

**„Im Leben ward ich Gambrinus genannt,
König zu Flandern und zu Brabant.
Ich hab aus Gerste Malz gemacht,
und Bierbrauen zuerst erdacht.“**

Dieser Spruch preist Gambrinus, den Schutzpatron der Brauer. Im 16. Jahrhundert wurde er als Biergott verehrt. Ob nun allerdings Gambrinus überhaupt gelebt hat, das weiß keiner. Manche glauben, er sei nur eine Sagengestalt, andere nehmen an, er sei ein burgundischer Ritter oder sogar ein Fürst des 13. Jahrhunderts gewesen. Wieder andere nehmen an, der Name des Herzogs Jan Primus von Brabant sei zu „Gambrinus“ verändert worden.
In einer weiteren Version heißt es, Karl der Große habe einen Braumeister besessen, der später als Gambrinus in die Biergeschichte einging.

In jedem Fall – ob Legende oder Wahrheit – wird Gambrinus als großer Biertrinker und -kenner beschrieben. Gedichte und Geschichten beschreiben seine unbändige Kraft und seinen wackerer Mannesmut, der ihn als Sieger aus vielen Schlachten hervorgehen ließ.

„Denn eine Kanne Bier – das ist ein Königstrank!“

(William Shakespeare)

Spruchreifes vom Bier

Kennst du das Land, wo Gerst´und Hopfen blüh´n,
pausbäckige Wangen für Gambrinus glüh´n?

„Der Trunk ist ein Laster – aber ein schönes!"

Willst vom Bier Du haben Spaß,
trink fürsichtig, Maß für Maß!

Es darf Humor den durst´gen Kehlen
beim Bierverkosten niemals fehlen.

„Zum Trinken schuf Gott Wein und Bier
und nicht zum Saufen – dies merke dir!"

Trink ich Wein, so werd ich lustig,
trink ich Wasser, werd ich durstig,
trink ich Bier, so werd ich voll.
Ich weiß nicht, was ich trinken soll.
(Lukas21, 34)

Gemütlichkeit wird da gefunden,
wo Bier, Durst und Humor verbunden.

Hopfen und Malz – Gott erhalt's.

Jedem sein Bier!

Die Gutsherren versorgten früher Knechte und Mägde auch mit dem täglichen Bierbedarf:
Die Großmutter der Dichterin Annette von Droste Hülshoff (1797–1848) notierte 1772 auf einem „Bierzettel“ den Bierkonsum ihres rund 22 Personen starken Personals:
„Die Jäger, Pförtner, Kutscher und Diener bekommen von Maitag bis Michaeli zum Frühbrot alle Morgen eine Kanne Warmbier. Alles arme Bauernvolk bekommt Dünnbier. Der große Braumeister bekommt am Morgen rechtes Bier, zum Mittag eine Kanne Bier, alle Abend eine Kanne. Wenn der Braumeister Korn oder Heu abladet, so bekommt er für jedes Fuder, so er abladet, eine Kanne rechtes Bier, für Erbsen und Bohnen bekommt er aber kein Bier. Wenn die Weiber hier waschen oder im Garten arbeiten, so bekommen sie zu essen wie das Bauernvolk aber nichts als Dünnbier zu trinken. An den Festtagen: Michaelisabend, St. Martiniabend, Christabend, Neujahrsabend, Hl. Dreikönigabend, Osterabend, Mariä Himmelfahrtabend, Pfingstabend, diese 8 Abende im Jahr gibt es eine besondere Ration Bier.
Es wird alle 14 Tage gebraut wozu 20 Scheffel (700 Pfund) Gerste gebraucht werden und ein Bettelkorb voll Hopfen (entspricht ca. 10 Pfund).

Die Kunst, Bier zu bräuen, wurde dem Menschen aus besonderer Güte und Gnade offenbart. Als noch niemand wusste, wozu Gerste gebraucht werden könne, hat Dionysos den Trank erdacht und es diejenigen gelehrt, bei denen keine Weinberge sind, damit sie nicht, wie Gänse und Enten, Wasser trinken müssen.“

Christoff Weige, Regensburg 1698

Und so wird Bier gebraut

Der Brautag in alter Zeit

Brautage waren lange, anstrengende Arbeitstage. Morgens um 5 Uhr begann die Arbeit. Zuerst wurde die Braupfanne aufgeheizt. Auch die Malzgewinnung war mühsam. Die ausgereifte gequollene Braugerste keimte auf den hölzernen Fußböden und musste dabei mehrmals gewendet werden. Getrocknet wurde das Grünmalz auf der Darre, im Brotbackofen oder am Schornstein des Herdfeuers. Die Brauer mussten an den Brautagen oft sogar nachts aufstehen, um das Gären des Bieres zu überprüfen und den Flüssigkeitsverlust durch frisches Wasser zu ergänzen.

Drei Wochen nach dem Brauen war das erste Bier trinkbar. In der Brauordnung von 1539 wurde festgelegt, dass nur zwischen dem Namenstag des Heiligen Michael am 29. September und dem Ehrentag des Heiligen Georg am 23. April gebraut werden durfte. Im Sommer war das Bierbrauen mancherorts sogar bei Strafe verboten. Man fürchtete, dass das Sudhaus beim Sieden Feuer fangen könnte. Der Winter war ohnehin günstiger fürs Brauen, da das Bier generell niedrige Temperaturen zum Gären brauchte.

Der Grundstoff fürs geliebte Bier ist Gerste, doch aus Gerste im Urzustand lässt sich kein Bier machen! Erst das Mälzen schafft die Voraussetzungen fürs Brauen. Als Braugerste eignet sich nur Sommergerste, die auf magerem, lockerem Boden wächst. Ihr Eiweißgehalt muss so gering wie möglich sein, damit sich die Gerste gut mälzen lässt! Das Malz, das sie zum Bierbrauen benötigten, stellten die Brauer früher selbst her. Heute werden von deutschen Brauereien Millionen von Tonnen eigens gezüchteter Sommergerste bezogen und zu Malz verarbeitet.

Der Mälzer lässt dabei die gereinigten und sortierten Gerstenkörner in Wasser aufquellen. Nach wenigen Tagen beginnen die Körner zu keimen. Sie werden dann in große Kästen gelegt und keimen dort sorgfältig kontrolliert und temperiert weiter. Ja, und stetige frische Luft ist wichtig! Innerhalb von acht Tagen vollzieht sich dadurch ein chemischer Prozess: Die unlösliche Stärke der Gerstenkörner beginnt sich in löslichen Malzzucker zu verwandeln und durch die Einwirkung der Enzyme wird aus der Gerste das so genannte Grünmalz. Dieses Grünmalz wird nun geröstet – man sagt „gedarrt“. Hier entscheidet es sich auch, ob das Bier nachher hell oder dunkel wird. Malz für helles Bier wird bei ca. 80 Grad getrocknet. Erhitzt man die Gerste bis auf 105 Grad so wird das Malz – und später mit ihm auch das Bier – dunkel. Das Trocknen beendet dann den Keimungsprozess.

„Gelindes Feuer macht süßes Malz!“

altes Sprichwort

Das beste Wasser fürs Bier!

Brauwasser muss absolut rein sein. Wenn die Wasserqualität nicht stimmt, muss das Wasser enthärtet werden. Denn erst weiches Wasser ist gutes Brauwasser. Ist das Wasser weich und salzarm, dann schmeckt das Bier später zart und warm. Eine Faustregel heißt auch: je weicher das Wasser, desto heller das Bier. Besonders gut eignet sich auch das „März“, so nannte man früher das Wasser, das durch die kalte Winterzeit geläutert und damit besonders klar und frisch war. Das Brauwasser entnahm man damals meist aus Teichen und Flüssen. Zu Brauzeiten wurden Schilder aufgestellt: „Es ist verboten, in den Teich zu pinkeln, morgen wird gebraut!“

In vielen Regionen schöpften die Brauer sogar Wasser aus Regenbottichen. Bierbrauer des Mittelalters vermerkten dazu: das hässlichste und unflätigste Wasser ergibt oft das beste und wohlschmeckendste Bier.

Aus dem Grünmalz entsteht durch das Rösten dann Braumalz, das nur noch 3–4 Prozent Feuchtigkeit enthält. Ist das Braumalz von allen Keimen gesäubert, beginnt der eigentliche Brauprozess. Nach dem Mälzen kommt jetzt nämlich das Maischen. Das Malz wird zu Schrot zerkleinert und im Sudhaus mit Wasser gemischt und erhitzt. Dadurch werden die beim Darren eingeschläferten Enzyme wieder wach und verwandeln einen Großteil der Stärke in Malzzucker. Der Sudmeister führt genaue Aufsicht über die ansteigenden Temperaturen. Wieder werden fremde Bestandteile entfernt und übrig bleibt ein Extrakt, den wir „Bierwürze" nennen.

Diese Bierwürze selbst enthält keinen Alkohol. Früher wurde auf den Bierflaschen nicht der Alkoholgehalt, sondern nur der Prozentgehalt der Stammwürze angegeben. Heute ist es umgekehrt.

Die Stammwürze ist beim Bier für den Alkoholgehalt zuständig – nicht für die „Würze". Sie bezeichnet den Anteil an Malzextrakt, wie die Bierwürze heißt, bevor die Hefe dazukommt.

Die Stammwürze steht zum Alkohol im Verhältnis drei zu eins. Mit 12 Prozent Stammwürze erreicht man ca. 4 Prozent Alkohol. Und nach dem Anteil der Stammwürze erhebt auch der Fiskus seine Steuerforderung!

Die Bierwürze bezeichnet die Stärke der Stammwürze vor der Vergärung – das heißt den Extrakt an Malzzucker, Eiweiß, Mineralien, Vitaminen und Aromastoffen. Die Stammwürze schwankt je nach Art des Bieres zwischen 2 und 28 Prozent Man kann aus dieser Prozentzahl den Alkohol errechnen, indem man die enthaltenen Prozente der Stammwürze durch einen Wert zwischen 4–5 teilt. Ein Bier mit beispielsweise 12 Prozent Stammwürze hat also einen Alkoholgehalt von 3–4 Prozent! Die Bierwürze selbst schmeckt nicht besonders gut, aber man sagt ihr große Heilkräfte nach. So soll sie warm genossen vorzüglich helfen bei Halskratzen und Erkältung. Die gemeinte „Würze des Bieres" aber ist der Hopfen, dem wir in unserem Büchlein ein eigenes Kapitel gewidmet haben. Zum Würzen werden nur die unbefruchteten Fruchtzapfen der weiblichen Pflanzen verwendet. Diese weiblichen Hopfendolden werden der Bierwürze beigegeben und gekocht. Jeder Braumeister macht dabei natürlich sein Geheimnis aus der Hopfenmenge pro Hektoliter, denn diese Mischung entscheidet letzlich über den Geschmack des Bieres. Nach dem Kochen gehen die Bitterstoffe der Hopfendolden in die Bierwürze über.

Die Bierwürze kommt danach in das „Kühlschiff, das man heute „Whirlpool" nennt. Hier wird sie abgekühlt und in ständig leichter Bewegung gehalten. Dadurch setzten sich am Boden die festen Trübstoffe ab. Nach dem Whirlpool ist die nächste Station für die Bierwürze der Gärkeller. Dort kommt nun der Bestandteil Nummer vier hinzu: Hefe, die man für die Gärung der Würze braucht. Jetzt wird aus einem Teil des Zuckers Alkohol und Kohlensäure – die Kohlensäure lässt später das Bier so schön schäumen! Zunächst sieht der Schaum aus wie Schlagsahne mit Zimt bestreut.

Moderne Brauereien züchten heute aber längst ihre eigenen Heferassen in Reinkultur. Die Biere unterscheiden sich nach den Heferassen. Die **untergärige** Hefe setzt sich bei 4–9 Grad Temperatur nach acht bis zwölf Tagen auf dem Bottichboden ab. Die **obergärige** Brauweise ist die ältere. Bei obergärigen Hefen sammelt sich die Hefe bei höheren Temperaturen (15–20 Grad) oben an und wird dort nach und nach abgeschöpft. Für unsere Vorfahren hatte die Frage „obergäriges oder untergäriges Bier" eine große Bedeutung. Untergäriges Bier ließ sich zwar länger lagern, aber man konnte es nicht brauen, wenn der Brauraum wärmer als 9 Grad war – und so warm war er ja im Sommer meistens! Also konnten unsere Vorfahren das untergärige Bier nur im Winter brauen, während sie dann von Frühjahr bis Herbst auf obergäriges Bier umstellten.

Nur die Bayern machten hier schon früh eine Ausnahme: Sie brauten auch im Sommer untergäriges Bier. Durch die großen Mengen an Natureis und durch die tiefen Lagerkeller hatten sie schon früh die Möglichkeit, auch im Sommer während des Brauens und später bei der Lagerung zu kühlen.

Als vor hundert Jahren die Kühlmaschinen üblich wurden, konnten immer mehr untergärige Biere gebraut werden. Sie manchen heute ca. 85 Prozent des Marktanteils aus.

Ob unter- oder obergärig, auf die Hauptgärung im Gärkeller folgt die Nachgärung im Lagerkeller. Hier reift das Jungbier durch, die verbliebene Hefe setzt sich weiter ab. Und endlich kann dann das Bier in Fässer und auf Flaschen abgefüllt werden. Die Bierfreunde warten schon!

Ein Prosit auf das frische Bier!

Bier auf Flaschen zu füllen

Die Fässer, aus denen man das Bier auf Flaschen ziehen will, müssen nach dem Transport tunlichst einige Tage im kühlen Keller ruhen, erst dann kann man sie abziehen. Am besten nimmt man Flaschen mit Patentverschluss wie solche in einschlägigen Geschäften feilgeboten werden. Dann füllt man das Bier in die gut gereinigten Flaschen und treibt den Pfropf fest ein. Das abgezogene Bier legt man möglichst auf Sandunterlagen, so, dass der Hals etwas höher liegt und aus dem Sande hervorragt. Frühestens 8 Tage später ist das nach dieser Vorschrift abgezogene Bier gut.

aus Großmutters Kochbuch

Hopfen – die Seele vom Bier

Wenn Malz als das „Mark“ des Bieres bezeichnet wird, so ist der Hopfen „die Seele“, Hopfen (lateinisch „Humulus lupulus“) gibt dem Bier sein Aroma, die Eleganz und den würzig-herbfrischen Geschmack. Der Hopfen bewirkt, dass das Bier nach Bier schmeckt, und er sorgt auch für die Haltbarkeit des Gerstensaftes. Wie innig der Hopfen dem Bier verbunden ist, zeigt sich auch darin, dass im Volksmund ein Zechgeselle gern „Hopfenbruder“ genannt wird.

Wie und wann der Hopfen für das Bier entdeckt wurde, ist ungewiss. Dennoch ist der Hopfen eine der wichtigsten Pflanzen für das Bier und gleichzeitig auch eine der rätselvollsten! Rätselvoll deshalb, weil kein Mensch weiß, wie und warum der Hopfen ins Bier oder gar nach Deutschland gelangte.

Die Germanen versuchten, ihr Bier mit dem Gerbstoff der Eichenrinde haltbar und schmackhaft zu machen. Später nahm man gern Bitterklee, Tausendgüldenkraut, Gagel oder Eschenblätter.

Angeblich sollen die alten Babylonier und die Ägypter den Hopfen gekannt haben, doch dann geriet er erst einmal in Vergessenheit. In den mittelalterlichen Klosterbrauereien gelangte er zu neuem Ruhm. Er wurde dort im 8. Jahrhundert zunächst als Heilpflanze, später als Bierwürze angebaut und verwendet. Vermutlich kam er fast zufällig ins Bier – so wie Bitterklee, Tausendgüldenkraut, Enzian, Möhren, Runkelrüben, Gurken, Enzian, Salbei oder Brombeeren – aber er muss sich im Bier als außerordentlich wirksam erwiesen haben!

Als Zusatz zum Bier wird der Hopfen im 8. Jahrhundert im nördlichen Europa erstmals erwähnt. Um das 8. Jahrhundert werden Hopfengärten das erste Mal urkundlich genannt, ja sie waren sogar gesetzlich geschützt.

Im 12. Jahrhundert lobte und tadelte die heilige Hildegardis von Bingen den Hopfen in ihren Schriften. Er trockne die Eingeweide aus, mache traurig und betrübt, aber er bewirke durch seine Bitterkeit, dass sich Getränke, denen er zugesetzt ist, lange halten.

Die Hopfenrebe, lateinisch: humulus lupullus, gehört mit dem Hanf zur Familie der Cannabinaceen, die mit den Maulbeergewächsen verwandt sind. Die Heimat des Hopfens ist Europa, Asien und Nordamerika. Es gibt wilden Weidenhopfen, der an Wegrändern, auf Waldlichtungen und in Hecken wächst, wir kennen den herzblättrigen Hopfen, eine Wildart, die ebenfalls nicht zum Brauen verwendet wird und den japanischen Hopfen, eine Zierpflanze. Aber nur der kultivierte Hopfen lässt sich zum Bierbrauen verwenden.

Als Boden braucht der Hopfen einen humus- und grundwasserreichen lehmigen Untergrund. Der Hopfen ist eine Staude. Jedes Jahr wächst er aus der Wurzel vom Boden ab neu und bildet bis zu 8 Meter lange Triebe, die sich an Drähten und an höheren Gestellen emporranken und zwar immer rechts, niemals links herum!

Die Ranken sterben alljährlich ab und wachsen im Frühjahr wieder neu heran. Die Wurzel selbst kann bis zu 50 Jahre alt werden.

Der Hopfen ist getrenntgeschlechtig, das heißt männliche und weibliche Pflanzen wachsen getrennt. Nur die weiblichen, unbefruchteten taugen zum Bierbrauen. Die männlichen Pflanzen bilden grünliche Trugdolden. Die weiblichen haben kleinere Blütenzapfen, die wie winzige geschuppte Artischocken aussehen. Auf ihren Blütenböden sitzen kleine Drüsen, die das so genannte „Lupulin“ enthalten. Darin befinden sich die eigentlichen Bitterstoffe, die dem Bier den typischen Hopfengeschmack geben. Vor allem aber hemmt Lupolin die Entwicklung von Bakterien und erhöht somit die Haltbarkeit des Bieres. Lupolin reichert außerdem das Bier mit Vitaminen und Spurenelementen an – Bier hat damit Vitamin B1, B2 und C.

"Beim Hopfen muss man sich doch sehr wundern, der Blühende trägt keinen Samen und der Samentragende blüht nicht!"

Camerarius, der Gelehrte, 1586

Auf einen Hektoliter Bier rechnet man 100 bis 400 g Hopfen, dabei werden helle Biere und Starkbiere allgemein stärker behopft als Dunkel- und Lagerbiere.

Das Lupulin bleibt aber nur im unbefruchteten Zapfen der weiblichen Blüte enthalten. Deshalb ist es auch in den Anbaugebieten ein absolutes „Muss", den männlichen Pflanzen, die immer wieder wild auftauchen, den schnellen Garaus zu machen. Sie werden wie Unkraut herausgerissen und vernichtet. Parallelen zum menschlichen Bereich sind rein zufällig, aber jede Feministin darf darüber schmunzeln …

Neben dem Lupulin enthält der Hopfen auch Hopfenöle, die allesamt auf den Menschen eine beruhigende Wirkung haben. Lange bevor der Hopfen für das Bier entdeckt wurde, hatte er ja schon seine wichtige Bedeutung im medizinischen Bereich.

Seine Bitterstoffe haben antibiotische Wirkung. Hopfen enthält sogar Spuren von Östrogen, dem weiblichen Sexualhormon. So wird der Hopfen bei allgemeiner Überregbarkeit angewandt, zur Nervenberuhigung eingesetzt und findet bekanntlich auch als natürliches Schlafmittel seinen Einsatz.

Die antibiotischen Bestandteile im Hopfen hemmen das Wachstum bestimmter Bakterien. Außerdem trägt das Pektin im Hopfen gemeinsam mit dem Eiweiß der Gerste zur Festigkeit der Schaumkrone des Bieres bei. Seine Gerbstoffe sorgen darüber hinaus zusammen mit den Gerbstoffen des Malzes für eine bessere Klärung und eine dauerhafte Konservierung des Bieres.

Fast 90 Prozent des deutschen Hopfens stammen aus der Hallertau im Dreieck zwischen Regensburg, Ingoldstadt und München. Mit rund 19.000 ha ist die Hallertau das größte geschlossene Hopfenanbaugebiet der Welt. Weitere Anbaugebiete in Deutschland finden sich außer in Bayern auch in Baden-Württemberg, Sachsen, Sachsen-Anhalt und Thüringen. Weltweit bauen heute etwas 35 Länder Hopfen an. Deutschland ist mit 22.000 ha Anbaufläche der größte Hopfenproduzent, gefolgt von den USA mit 18.000 ha und China mit 7.000 ha.

Damit der Hopfen nicht verwechselt oder vermischt wird, werden die Hopfensäcke von alters her versiegelt, nummeriert und mit einem Begleitbrief, dem Siegelschein, versehen. So kann der Weg jedes Sackes Hopfen vom Hopfenbauern zum Braumeister verfolgt werden.

Die Begleiturkunde gibt genaue Auskunft über das Gewicht, den Jahrgang, das Anbaugebiet und die Sorte. 1929 wurde die Siegelung durch ein Gesetz genau geregelt. Es wurde 1977 zum Muster für eine Verordnung des Rates der Europäischen Gemeinschaft, der mit dem Zertifikat versehene Hopfen heißt Siegelhopfen.
Als Naturhopfen in der ursprünglichen Doldenform wird heute nur noch ein kleiner Teil vermarktet. Der größte Teil der Hopfenernte kommt als Presstabletten – so genannte Pellets – oder als Hopfenextrakt auf den Markt.

Die Natur hat ihre Aufgabe erfüllt, wenn die Hopfendolde im August und September den richtigen Reifegrad erreicht hat. Der Fachmann prüft den Hopfen und bestimmt den Zeitpunkt der Ernte für das „grüne Gold“. Auf Hopfendarren wird der Hopfen bei 65 Grad getrocknet und dann in Kühlräumen bei Temperaturen zwischen 0 und 10 Grad gelagert. Konventionell angebauter Hopfen wird meist mit Schwefel konserviert.

Hans Jürgen Schäfer, Schlitz

Hopfen – gut für die Fruchtbarkeit

Außer im Bier findet der Hopfen auch in der Küche seine Verwendung. Die jungen Hopfentriebe wurden schon im Mittelalter gern geerntet. Vor allem in der feinen Küche erwiesen sich die jungen Hopfentriebe als würdiger Bruder des Spargels. Sie wurden wie dieser in Wasser gekocht und mit Butter als Salat verzehrt. 1839 schrieb Heronimus Bock in seinem Kräuterbuch: „Im Frühling lassen die Leckermäuler die jungen Dolden der Hopfen wie jungen Spargel als Salat zubereiten!“
Nicht nur dem Hopfensaat wurde dabei eine fruchtbarkeitsfördernde Wirkung nachgesagt.
Bei finnischen und slawischen Völkern gilt der Hopfen noch heute als Symbol der Fruchtbarkeit. Die Braut wurde in vielen Gegenden mit Hopfen überschüttet. Ja, Hopfenduft wirkt eben nicht nur beruhigend, sondern er hat auch eine hormonfördernde Wirkung. Jedenfalls stellte man auch in Bayern fest, dass die Geburtsrate 9 Monate nach der Hopfenernte früher sprunghaft anstieg!
In manchen Gegenden glaubte man auch, dass in der Christnacht zwischen 23 und 24 Uhr die Hopfenwurzeln frische Sprossen treiben, die um Mitternacht wieder verschwinden.

Hopfen – ein Zaubermittel!

Hopfen regt den Appetit an, wirkt blutreinigend und kräftigt. Außerdem – das ist ja schon legendär – wirkt er beruhigend und fördert den Schlaf. Im Mittelalter wurde Hopfen in der Klostermedizin als harntreibend, blutreinigend und menstruationsfördernd beschrieben. Paracelsus behandelte sogar Magenbeschwerden, Durchfall und Blähungen mit Hopfengaben.

Hopfentee
1 El Hopfen mit 1 Tasse heißem Wasser übergießen und 10 Minuten ziehen lassen. Den Sud abseien und den Tee noch warm vor dem Schlafengehen trinken. Den Tee kann man auch für feuchte Umschläge nehmen.

Verdauungstee
3 gehäufte El Hopfen mit 1/2 Liter handwarmem Wasser übergießen und 10 Stunden ziehen lassen. Dann den Tee abfiltern und vor dem Mittag- und Abendessen den Tee erwärmen und schlückchenweise trinken.

Hopfenlikör
Ein weithalsiges Glas mit Hopfenzapfen füllen und soviel 38 %igen Korn auffüllen bis die Zapfen bedeckt sind. Das Glas gut verschließen und bei Zimmertemperatur sechs Wochen ziehen lassen. Danach die Zapfen abfiltern und pro Liter Flüssigkeit 150 g Kandis auffüllen. Wenn sich der Kandis aufgelöst hat, kann man den Likör genießen!

Mittel gegen Liebeskummer
Setzte sich ein Mädchen einen Hopfenkranz auf die Haare, war sie „unangreifbar". Angeblich sollte ihr der Kranz helfen, fröhlicher zu werden und gefeit zu sein gegen jeglichen Liebeskummer!

Gut für lange Haare
Wollte früher eine Jungfrau lange Haare bekommen, so musste sie in ihrer Jugend einige Strähnen von ihrem Haar abschneiden und diese zusammen mit Hopfenranken in die Erde legen!

Bier als Labsal großer Geister

Goethes Sinnesfreuden
„Blitz, wie die wackeren Dirnen schreiten! Herr Bruder komm, wir müssen sie begleiten. Ein starkes Bier, ein beizender Toback, und eine Magd im Putz, das ist nun mein Geschmack!“
(aus: Faust I)

Freude an der Maßlosigkeit
Zuviel kann man wohl trinken, doch trinkt man nie genug.

Gotthold Ephraim Lessing

Ein Lob dem Bock
„Ebenfalls so schäumet hier,
Geist und Phantasie anregend,
holder Bock, das beste Bier!“

Heinrich Heine, 1824

Bier für Könige
„Denn eine Kanne Bier –
das ist ein Königstrank!“

William Shakespeare

Lebensart
„Ich Geringer trinke täglich zum Abendbrot ein Glas helles Bier und reagiere auf diese anderthalb Quart so stark, daß sie regelmäßig meine Verfassung verändern. Sie verschaffen mir Ruhe, Abspannung und Lehnstuhlbehagen, eine Stimmung von „es ist vollbracht“ und „oh wie wohl ist mir am Abend“.

Thomas Mann

Bismarck und Bier
Der eiserne Kanzler lobte den Gerstensaft: „Wer zu seiner Zigarre ein Bier trinkt, den kann man nicht so leicht in Rage bringen!“ Gleichzeitig aber befand er: „Es wird bei uns Deutschen mit so wenig so viel Zeit totgeschlagen wie mit Biertrinken!“

Guter Ausblick
Als Richard von Weizsäcker als Bundespräsident seinen 70. Geburtstag feierte, fragten Neugierige, über welchen Glückwunsch er sich am meisten gefreut habe. Weizsäcker verwies auf den Glückwunsch der Kinder, darauf stand als Wunsch für die Zukunft: „Immer ein frisches Bier!“

Es lebe das Reinheitsgebot!

Am 23. April 1516 erließen die Bayernherzöge Wilhelm IV. und Ludwig X. das Reinheitsgebot! Vorher mischten nämlich die Brauer noch mancherlei Fremdstoffe dem Bier bei. Beigemischt wurden Wachholder, Harz, Gagel, Schlehe, Eichenrinde, Wermut, Kümmel, Anis, Lorbeer, Schafgarbe, Mistel, Stechapfel, Enzian, Rosmarin, Kiefernwurzel, Holzspäne, Tannennadeln, Johanniskraut, Bilsenkraut, altes Brot, Hafer, Dinkel …

Mit dem Reinheitsgebot – so der Entschluss der bayerischen Herzöge – sollten nur noch Hopfen, Wasser und Gerste als Zutaten für die Herstellung des Bieres verwendet werden dürfen.

Die Hefe, die bei der Gärung die große Rolle spielt, musste nicht eigens erwähnt werden, sie fand schon in Urzeiten ohne Zutun des Brauers ihren Weg von alleine in den Gärkessel.

Das Reinheitsgebot breitete sich bald über ganz Deutschland aus und behauptet sich bis zum heutigen Tage. Das Erstaunliche an der Vorschrift ist, dass sie sich praktisch unverändert bis in die Gegenwart erhalten hat. Damit ist sie das älteste Lebensmittelgesetz der Welt!

Erst in den 70er Jahren des 20. Jahrhunderts drohte dem alten Reinheitsgebot Gefahr. Die Europäische Gemeinschaft stellte es in Frage um ein „Europa-Bier“ zu schaffen, das nicht an das Reinheitsgebot gebunden sein sollte. Dagegen jedoch gab es einen Sturm der Entrüstung in Deutschland. Die Bundesregierung, der Deutsche Brauer-Bund und nicht zuletzt die Verbraucher protestierten mit Erfolg. 1976 nahm die EG in Brüssel den Kommissionsentwurf der so genannten Harmonisierungsrichtlinie für die Bierherstellung wieder zurück. Und so müssen auch heute noch alle ausländischen Biere, die nach Deutschland exportiert werden, auch in ihrem Heimatland nach dem deutschen Reinheitsgebot gebraut werden.

„Wir wöllen auch sonderlichen /
das füran allenthalben in vnseren Stetten /
Märckthen / vnd auff dem Lannde /
zu kainem Pier / merer stückh /
dann allein Gersten / Hopffen / vnd wasser /
genommen vnd gepraucht sölle werden.

Welher aber diese vnsere Ordnung wissentlich
überfahren vnnd nit hallten wurde /
dem soll von seiner Gerichtzöbrigkait /
dasselbig vas Pier / zu straff / vnnachläßlich /
so offt es geschicht / genommen werden.“

(Es ist unser Wille, dass von nun an überall in unseren Städten auf den Märkten und auf dem Lande für kein Bier etwas anderes als allein Gerste, Hopfen und Wasser genommen und gebraucht wird.
Wer aber diese unsere Ordnung wissentlich überschreitet und nicht einhält, dem soll von seinem zuständigen Gericht dasselbige Fass Bier zur Strafe unnachgiebig, so oft er gegen die Ordnung verstößt, weggenommen werden.)

Reinheitsgebot von 1516

Alte Bier-Gesänge

aus der „Kalewala“

„Hitzig ward das Bier im Fasse.
Heftig fluchte das Getränke
in den festen Eichenfässern
hinter kupferreichen Zapfen:
Schaffet ihr nicht einen Sänger,
der gehörig singen könnte,
schöne Lieder tönen ließe,
schlüge ich durch alle Reifen,
würde ich den Boden sprengen!“

„Liebes Bier, du schön Getränke,
laß die Leut nicht schweigend trinken;
treib die Männer zum Gesange,
zu dem Lied mit goldnem Munde!“

Die Bierprobe

Im Jahre 1420 wurde die älteste bekannte Brauordnung der Stadt München vom Stadtmagistrat erlassen. Dabei wurden die Brauer angehalten, das gebraute Bier nicht vor acht Tagen auszuschenken. Zur Aufrechterhaltung dieser ersten Brauordnung erließen die Herzöge Wilhelm IV. und Ludwig X. eine vielzitierte Bierbeschau:
Dreimal pro Woche wurde das Bier im Sommer und zweimal pro Woche im Winter besichtigt und geprüft. Die Prüfer erschienen dabei zur Ausübung ihres Amtes in hirschledernen Hosen. Das zu prüfende Bier wurde über eine Holzbank gegossen, die Bierprüfer sezten sich mit ihren „Krachledernen" auf die Bank und tranken. Eine Stunde lang saßen sie still und zechten. War die Zeit abgelaufen, standen alle gleichzeitig auf. Klebte dann die bierbegossene Bank an den Lederhosen fest, so hob sich die Bank in bei dieser gleichzeitigen Bewegung in die Höhe: Das Bier war gut und wurde zum Verkauf freigegeben. Vom Probetrank breitete sich die Kunde aus: „Hob sich die Bank beim Aufstehn mit, so war der Stoff besonders „kütt"!"

Rezepte mit Bier

Bier rinnt nicht nur köstlich durch die Kehle – es gibt auch vielen Gerichten den besonderen Geschmack –Bier rundet Suppen ab, verleiht Fleisch und Soßen das gewisse Etwas, ja Bier hat sogar bei der Zubereitung von Nachspeisen einen „guten Zug“ und wahrhaft legendär ist die Wirkung von Schlaf- und Honigbier nach eines langen Tages Reise!

Leckere Biersüppchen	*Seite 34*
Bier hat Schwein gehabt	*Seite 38*
Rind und Kalb mit einem Schuss Bier	*Seite 46*
Geflügel, Wild und Lamm- mit Bier	*Seite 48*
Fisch will in Bier schwimmen	*Seite 50*
Köstliche kleine Bier-Gerichte	*Seite 52*
Leckere Biersoßen	*Seite 60*
Süßes mit Bier- die reinste Verführung	*Seite 62*
Prost mit Bier!	*Seite 66*

Leckere Biersüppchen

Lauchcremesuppe mit Altbierklößchen

ZUTATEN:

Suppe:

1 Stange Lauch

1 Zwiebel

100 g gewürfelter Speck

½ l Brühe

300 ml Altbier

3 Eier

200 g Mehl

etwas Sahne

Klößchen:

1 Glas Altbier

3 Eier

200 g Mehl

ZUBEREITUNG:
Den Lauch gut waschen, halbieren und in feine Streifen schneiden. Zwiebel würfeln, mit gewürfeltem Speck in Butter andünsten, Lauch hinzufügen, mit Mehl bestäuben und unter ständigem Rühren die Mehlschwitze mit Brühe auffüllen. Die Suppe gar köcheln lassen und mit Salz, Pfeffer und Sahne abschmecken. Altbier mit Eiern und Mehl zu einem Teig verrühren. Mit einem Teelöffel kleine Klößchen abstechen und in kochendem Salzwasser gar ziehen lassen. Die Lauchsuppe in tiefe Teller schöpfen, pro Person 2–3 Altbierklößchen dazugeben und die Suppe mit Schnittlauch garnieren.
Rezept: „Waldschloss", Bad Camberg

Suppe nach Art des Alten Fritz

„Man lasse in einem Töpflein Bier beim Feuer heiß werden, schlag in ein ander Töpflein ein paar Eier. Leg ein Stück Butter hinzu. Rühr es mit Wasser, gieße alsdann das Bier an die Eier, salze ein wenig und rühre die Suppe an."

Deftige Brotsuppe

ZUTATEN:

2 Scheiben trockenes Bauernbrot

2 kleine Zwiebeln

3 El Schmalz

¾ l Fleischbrühe

etwas Thymian

300 ml helles Bier

1 Bund Schnittlauch

Salz, Pfeffer

ZUBEREITUNG:
Bauernbrot in kleine Würfel schneiden. Fein geschnittene Zwiebeln in Schmalz anschwitzen, das Brot in Würfel schneiden, hinzugeben und mit Fleischbrühe auffüllen. Alles kräftig durchkochen lassen und mit Thymian, Salz und Pfeffer abschmecken. Kurz vor dem Servieren das Bier dazugeben und die Brotsuppe mit geschnittenem Schnittlauch anrichten.
Rezept: Rainer Heiß, „Bockshaut", Darmstadt

Das ist starkes Bier!

Pils-Pilz-Suppe mit Häubchen

ZUTATEN:

500 g Pilze (Champignons, Pfifferlinge, Steinpilze)

150 g Butter

je 150 g Zwiebeln, Lauch und Karotten

100 g Sellerie

Petersilie, Schnittlauch, Kerbel, Salz, Pfeffer

½ l Sahne

¼ l Gemüsebrühe

½ l Pils, 60 g Mehl

3 Eiweiß

ZUBEREITUNG:
Die Pilze in Scheiben schneiden. Wurzelgemüse würfeln und zusammen mit den Pilzen in Butter andünsten. Das Gericht mit Mehl bestäuben und gut anschwitzen. Würzen und mit dem Bier ablöschen. Mit Sahne auffüllen, bis zur Hälfte einkochen lassen, dann mit Brühe auffüllen und abschmecken. Die fertige Suppe in Suppentassen füllen. Geschlagenes Eiweiß als Schaumkrone aufsetzen und kurz überbacken, bis es leicht braun ist.
Rezept: „Jägerhof", Lauterbach-Maar

Biersuppe mit Eischnee

ZUTATEN:

1 l Milch

½ l Bier

2 getrennte Eier

1 Stange Zimt

1 Prise Salz

40 g Kartoffelstärke

4 El Zucker

ZUBEREITUNG:
Die Milch mit Salz, Zucker und Zimt aufkochen mit der angerührten Stärke binden, das Bier zugeben, vom Feuer nehmen mit 2 Eigelb legieren. Zum Schluss das Eiweiß schlagen, unter die Suppe heben, gegebenenfalls nochmal nachwürzen.
Rezept: „Roter Hahn", Rüsselsheim

Süße Malzsuppe

ZUTATEN:

1 l Malzbier

2 Eier

40–60 g Stärkemehl

Zucker nach Geschmack

ZUBEREITUNG:
Das Malzbier in einem Topf zum Kochen bringen. Stärkemehl, Eigelb und Bier unterrühren bis die Suppe dick ist. Den Eischnee steif schlagen, auf die fertige Suppe geben und den Topf mit einem Deckel verschließen bis der Eischnee fest ist. Die süße Malzsuppe schmeckt heiß im Winter und kalt im Sommer!
Rezept: Anka Becker, Willingshausen

Hessische Biersuppe mit Äppelwoi

ZUTATEN:

100 g Zucker

1 Stange Zimt

1/4 l Wasser

100 g Paniermehl

3/4 l Pils

1/4 l Äppelwoi

100 ml geschlagene Sahne

ZUBEREITUNG:
Zucker und Zimt mit dem Wasser ca. 10 Minuten kochen, danach die Zimtstange entfernen. Das Paniermehl hineinrühren, Äppelwoi und Bier zugeben und die Suppe erhitzen, aber nicht kochen! Das Biersüppchen in Tassen füllen und ein Häubchen aus geschlagener Sahne aufsetzen.
Rezept: „Ratsherrenstuben", Hattersheim

Ein Mädel und ein Krügchen Bier beheben alle Not.
Wer niemals küsst und auch nicht trinkt, der ist lebendig tot!

Biersuppe mit Brot

ZUTATEN:

4 Scheiben altes Graubrot

1 Flasche Dunkelbier

1 Tl Kümmel

Schale von 1/2 unbehandelten Zitrone

etwas Zucker

1 El Butter

1 Prise Salz

1 Eigelb

ZUBEREITUNG:
Die Brotscheiben mit Dunkelbier und Kümmel aufsetzen und weich kochen lassen. Die Masse durch ein Sieb rühren, Zitronenschale, Zucker, Butter und etwas Salz hinzugeben. Die Biersuppe ein Weilchen kochen lassen und vor dem Servieren mit einem Eigelb abziehen.
Rezept: „Zur Krone", Beerfelden-Gammelsbach

Braunbiersuppe mit Milch

ZUTATEN:

1 Flasche süßes Braunbier

Schale einer halben unbehandelten Zitrone

1/2 Stange Zimt

2 El Kartoffelmehl

1/2 l Milch

2 Eigelb

Salz

Zucker

Semmelwürfel

ZUBEREITUNG:
Das Dunkelbier mit Zitronenschale und Zimt aufkochen. Kartoffelmehl mit kaltem Wasser anrühren, einmal aufkochen und an die Seite stellen. Milch aufkochen, mit den Eigelb abziehen, das Bier untermischen und die Suppe mit Kartoffelmehl binden. Die Suppe mit Salz und Zucker abschmecken und in Butter gebratene Semmelwürfel darüber streuen.
Rezept: „Zur Krone", Beerfelden-Gammelsbach

> Wenn du Bier trinkst, wische deine Lippen ab, bevor du den Becher hebst.
>
> Erasmus von Rotterdam 1530

Weißbiersuppe mit Eischneeklößchen

ZUTATEN:

1 l Beerfelder Weißbier

Zimt

Schale einer halben unbehandelten Zitrone

ca. 1 Tl Zucker

eine Prise Salz

Saft einer halben Zitrone

1 El Kartoffelmehl

ZUBEREITUNG:
Das Weißbier mit Zimt, Zitronenschale, etwas Zucker, einer Prise Salz und dem Saft einer halben Zitrone langsam aufkochen und dabei stetig rühren. Kartoffelmehl mit etwas Wasser klar rühren, zugeben und die Suppe nochmals aufkochen.
Rezept: Klaus Johe, Beerfelden

Und so stellt man Bieressig selbst her:

100 g frische oder geröstete Brotrinde in scharfem Essig einweichen und anschließend wieder trocken. Diesen Vorgang 3 bis 4-mal wiederholen, bis an der Brotrinde eine „Essigmutter" entstanden ist. Nun ein Gefäß mit scharfem Essig gründlich einsäuern, die Essigmutter hinzugeben und 2 l helles, schwach gehopftes Bier zugießen. Sobald der Bieressig sauer genug ist, filtert man ihn von der Essigmutter ab und füllt ihn in Flaschen. Die Flaschen verkorken und an einen kühlen Ort stellen.

— Bier hat Schwein gehabt! —

Deftiger Krustenbraten

ZUTATEN:
2–3 kg Schweineschulter mit Schwarte
1 El Schweineschmalz
2 Knoblauchzehen
1 El Butter
gemahlener Kümmel
4 Nelken, Salz, Pfeffer
2 Lorbeerblätter und 8 Wachholderbeeren
1/2 l Landbier

ZUBEREITUNG:
Die Schweineschwarte mit einem scharfen Messer in Rautenform einschneiden und in die Kerben die Nelken drücken. Das Fleisch mit Salz und Pfeffer einreiben. In einer Schmorpfanne das Schweineschmalz heiß werden lassen, das Fleisch mit der Schwarte nach unten hineinlegen und fünf Minuten braten. Dann den Braten drehen und bei 180 Grad im Backofen weiter garen. Dabei immer wieder mit etwas Wasser oder Bier begießen.
Den Knoblauch hacken und in Butter anschmoren, Kümmel nach Geschmack darüber streuen und diese Würzbutter in den Fleischtopf geben. Eine halbe Stunde vor Ende der Garzeit die Kruste mit der Würzbutter bestreichen. Den Herd auf Oberhitze stellen und die Kruste mehrmals mit dunklem Landbier begießen. Lorbeerblatt und zerdrückte Wacholderbeeren beifügen. Sehr gut schmecken zum Bierkrustenbraten Gemüse wie Rosenkohl, Weißkraut oder Rotkraut und natürlich Klöße!
Rezept: Bernd Klesper, Hochstiftliches Brauhaus, Fulda

Gott fürchten macht selig,
Bier trinken macht fröhlich.
Drum fürchte Gott und trinke Bier
so bleibst du selig und fröhlich allhier!
Sinnspruch in Gaststätte

Schweinebraten in Altbier

ZUTATEN:
2–2 1/2 kg Schweineoberkeule
Senf, Pfeffer, Salz
2 Zwiebeln
1 Bund Suppengemüse,
1–1 1/2 Flaschen Altbier

ZUBEREITUNG:
Mit einem scharfen Messer die Fleischschwarte ca 1 cm tief in Rautenform einschneiden. Aus Senf, Pfeffer und Salz zur Marinade rühren und damit das Fleisch gleichmäßig einstreichen. Öl erhitzen und das Fleisch von allen Seiten scharf anbraten bis es Farbe bekommen hat. Das Gemüse klein schneiden, zugeben und mit anrösten. Den Braten mit Altbier mehrmals ablöschen und dabei immer wieder einreduzieren lassen. Mit Fleischbrühe oder Wasser angießen und bei mittlerer Hitze im Ofen fertig garen. Dabei immer wieder mit Altbier begießen. Vor dem Anschneiden das Fleisch ein paar Minuten ruhen lassen.
Rezept: „Zur Dampfmühle“, Beselich/Schupbach

Schorschis Biersteaks

ZUTATEN:
4 Schweinesteaks
$^1/_2$ l Bier
100 g Dörrfleisch
1–2 El Tomatenmark
Salz, Pfeffer, Kräuter der Provence
Oregano, Zucker
je 2 El Champignons
und Silberzwiebeln aus dem Glas

ZUBEREITUNG:
4 Zwiebeln in Streifen schneiden und in Öl anbraten bis sie glasig und braun sind. Die Zwiebelpfanne würzen mit Salz, Pfeffer, Kräutern der Provence, Oregano, Thymian und einem Schuss Olivenöl. Die Steaks gut mit Salz und Pfeffer würzen und mit der Zwiebelmischung füllen. Die Steaks zuklappen, mit einem Zahnstocher schließen, leicht in Mehl wenden und in heißem Öl von beiden Seiten schnell und kräftig anbraten, sie sollen aber nicht durch sein! Nun die Steaks aus der Pfanne nehmen. In die Pfanne gewürfeltes Dörrfleisch und 2 gewürfelte Zwiebeln geben und diese anbraten bis sie Farbe bekommen haben. 1–2 El Tomatenmark dazugeben, den Fond durchbraten und mit einem kräftigen Schluck Bier auffüllen. Alles einköcheln lassen zu einem dicken, sämigen Brei. Wieder mit Bier ablöschen und einköcheln und diesen Vorgang viermal wiederholen. Zum Schluss mit $^1/_2$ l Bier auffüllen und die Soße mit Salz, Pfeffer und Zucker würzen. Die Steaks wieder in die Pfanne geben und bei kleiner Flamme ca. 10 Minuten köcheln lassen. Kurz vor dem Servieren Champignons und Silberzwiebeln hinzugeben. Am besten schmecken zum Steak mit Biersoße Bratkartoffeln oder frisches Bauernbrot und natürlich ein frisch gezapftes Bierchen!
Rezept: „Alt-Lichtenberg", Fischbachtal-Lichtenberg

Kammsteaks in würziger Bier-Marinade

ZUTATEN:
4 Kammsteaks à 180–200 g
$^1/_2$ l Bier
1 Zwiebel
1 Lorbeerblatt
Salz, Pfeffer, Prise Kümmel
etwas Mehl

ZUBEREITUNG:
Die Kammsteaks mit Bier, kleingeschnittenen Zwiebeln, Lorbeerblatt und Kümmel ca. 8–10 Stunden marinieren. Die Steaks aus der Marinade nehmen, trocken tupfen, leicht in Mehl wenden, in der Pfanne anbraten und dann im Backofen bei 180 Grad ca. 20 Minuten fertig garen lassen. Als Beilage schmecken Röstzwiebeln, Kräuterbutter und Bratkartoffeln.
Rezept: „Roter Hahn", Rüsselsheim

Camberger Schweineroulade mit Weizenbiersoße

ZUTATEN:
4 Schweineschnitzel
4 Frankfurter Würstchen
200 g Sauerkraut
etwas Senf
100 g gewürfelten Speck
1/2 l Weizenbier
etwas Stärkemehl
Salz, Pfeffer

ZUBEREITUNG:
Schweineschnitzel sehr dünn klopfen und mit Senf bestreichen. Speck und Sauerkraut auf das Fleisch legen. Die Frankfurter Wüstchen halbieren und an einem Ende der Schnitzel auflegen. Nun das Fleisch wie eine Roulade rollen und mit etwas Öl anbraten. Die Rouladen in eine feuerfeste Form setzen und mit einem Schuss Weizenbier begießen. Dann bei 180 Grad ca. 30 Minuten garen und dabei immer wieder mit Weizenbier begießen. Die Roulade warm stellen und die Soße mit Stärkemehl andicken und abschmecken.
Rezept: „Waldschloss", Bad Camberg

Schweinsbrustspitze in dunkler Biersoße

ZUTATEN:
ca. 1,5 kg Schweinebrustspitze
1 Sellerie
5 Karotten
3 mittelgroße Zwiebeln
1 kg Kartoffeln
3 Lorbeerblätter
8 Wacholderbeeren
Kümmel nach Geschmack
1 l dunkles Bier

ZUBEREITUNG:
Brustspitze mit Salz und Pfeffer kräftig würzen, von beiden Seiten anbraten und in einen Bräter geben. Zwiebeln, Kartoffeln und Sellerie schälen, grob würfeln und mit Karottenwürfeln zum Fleisch geben. Mit etwas Fleischbrühe aufgiessen und das Fleisch ca. 1 Stunde im eigenen Saft schmoren lassen. Dann Lorbeer, Wacholder, Kümmel und Bier zugeben und den Fleischtopf noch mindestens eine halbe Stunde schmoren lassen.
Rezept: „Bockshaut", Darmstadt

Rippchen in Malzbier

ZUTATEN:
ca 1,5 kg Schweinerippchen
Marinade:
2 Flaschen Malzbier
200 g Honig
3 El Ketchup
l Sonnenblumenöl
2 Knoblauchzehen
1 El frischer Rosmarin
Teelöffel Chilikörner, Pfeffer, Salz

ZUBEREITUNG:
Die Schweinerippen kurz blanchieren und danach jeweils in zwei Rippen schneiden. Knoblauchzehen und Rosmarin klein hacken. Alle Zutaten für die Marinade verrühren und das Fleisch darin 24 Stunden einlegen und kühl stellen. Danach die Rippchen auf Silberfolie auf dem Grill oder im Backofen braten. Dazu schmecken Ofenkartoffeln und Kräuterquark.
Die Marinade kann man übrigens mehrmals verwenden.
Rezept: Richters Restaurant „Georgi", Groß-Zimmern

Schweinelende mit Kümmelkruste

ZUTATEN:
2 Schweinelendchen à 500 g
Marinade:
0,2 l Öl
1 l Pils oder Export
1 Karotte
1/2 Stange Lauch und 1/2 Sellerie
2 Lorbeerblätter
6 Nelken
1 Tl Wacholderbeeren
2 Tl Pfefferkörner
etwas Salz
Bierkruste:
400 g Weißbrot
2 Tl Kümmel
200 ml Dijonsenf grob
2 Eigelb
0,2 l Altbier
Salz, Pfeffer

ZUBEREITUNG:
Wacholderbeeren und Pfefferkörner zerdrücken, Wurzelgemüse klein schneiden. Alle Zutaten für die Marinade mischen und die Lenden 24 Stunden darin einlegen. Danach das Fleisch herausnehmen, abtrocknen und etwas flach drücken. Für die Kruste das Weißbrot würfeln, mit dem Ei vermengen, die restlichen Zutaten zugeben und alles zu einer Masse vermengen. Danach die Masse auf der rohen Lende verteilen, das Fleisch auf ein Blech legen und im vorgeheizten Backofen bei 180 Grad ca. 30–45 Minuten backen.
Rezept: „Zum Schützenhof", Beerfelden

Kartoffel-Bierfleisch-Topf

ZUTATEN:
4 Schweinenackensteaks à 150 g
800 g Kartoffeln
150 g Zwiebeln
Salz, Pfeffer, Majoran
300 ml Bier
Petersilie zum Bestreuen

ZUBEREITUNG:
Kartoffeln schälen und – ebenso wie die Zwiebeln – in 1 cm dicke Scheiben schneiden. Kartoffeln und Zwiebeln abwechselnd mit den Steaks in eine verschließbare, feuerfeste Form schichten. Mit dem Bier aufgießen bis alles bedeckt ist. Die Form verschließen und den Bierfleisch-Topf im Backofen bei ca. 170 Grad so lange garen, bis die Flüssigkeit von den Kartoffeln aufgenommen worden ist. Das fertige Gericht mit frisch gehackter Petersilie bestreuen.
Rezept: „Ratsherrenstuben", Hattersheim

Kasseler Steak mit Honig-Bierschaum

ZUTATEN:
4 Kasseler Steaks (als Schmetterling vom Metzger schneiden und klopfen lassen)

Füllung: *100 g Lauch*
1 Apfel
1 El Butter
2 El Paniermehl
Soße: *2 Eigelb*
2 El Honig
100 ml Bier
Prise Salz
4 El braune Soße

ZUBEREITUNG:
Lauch und Apfel in kleine Würfel schneiden und mit der Butter anbraten. Wenn der Apfel weich ist, mit 2 El Paniermehl binden. Die Steaks damit füllen und mit Zahnstochern zustecken. Steaks kurz in Mehl wenden und in der Pfanne bei mittlerer Stärke braten. Eigelb mit Bier, Honig und der Prise Salz warm aufschlagen, die warme braune Lauch-Apfel-Soße zugeben und mit den Steaks anrichten. Dazu schmecken Kartoffelgratin oder Nudeln.
Rezept: „Roter Hahn", Rüsselsheim

Ave Maria, mundi spes, erhalt uns armen Mönchen, du weißt es ja, wir brauchen es, das Bier in unsren Tönnchen!

(Stoßgebet der Mönche)

Schweinsgulasch mit Wurzelgemüse

ZUTATEN:
1 kg mageres Schweinegulasch
1 El Schweineschmalz
1 Zwiebel
1/2 Stange Lauch
100 g Mehl
1/4 l Brühe
1 Karotte
1/2 l Dunkel-Bier
1/4 Sellerie, Mehl nach Bedarf

ZUBEREITUNG:
Die Zwiebel in Würfel schneiden und mit dem Gulasch vermischen. Mit Salz und Pfeffer würzen. Danach in Schweineschmalz bei starker Hitze anbraten. Nach ca. 10 Minuten mit Dunkelbier kurz ablöschen, das Mehl hinzugeben und goldbraun werden lassen. Nun mit Brühe und dem Dunkelbier auffüllen und ca. 30 Minuten schwach kochen lassen. Nach ca. 20 Minuten das in Würfel geschnittene Wurzelgemüse hinzugeben.
Rezept: „Grüner Baum", Beerfelden-Gammelsbach

Odenwälder Schweinekrustenbraten mit Kräutern

(Für 8–10 Personen)

ZUTATEN:
4-5 kg mild gepökelte Schweinekeule mit Schwarte (beim Fleischer vorbestellen)
frische Kräuter wie Petersilie
Thymian und Estragon
etwas Honig, Senf
Cayennepfeffer und 1/8 l Dunkelbier

ZUBEREITUNG:
Die Schwarte der Schweinekeule tief einschneiden, damit das Fett ausbrät und die Würze der Kräutersoße gut eindringen kann. Das Fleisch mit der vorbereiteten Kräutersoße einstreichen und den Braten mit der Schwarte nach oben in die Bratröhre schieben. Ab und zu mit dem Fett übergießen und bei schwacher Hitze 170 Grad 90 Minuten garen, die letzten 10 Minuten bei 200 Grad. Für die Dunkelbiersoße die Kräuter klein hacken, mit Honig, Senf, Cayennepfeffer und dem Dunkelbier gut verrühren.

Zum Krustenbraten mit Dunkelbiersoße sind ein „Muss“:

Odenwälder Kartoffelklöße

ZUTATEN:
2 1/2 kg gekochte Kartoffeln
100 g Mehl
100 g Stärke
angeröstete Speck- und Zwiebelwürfel
4 Eier, Salz und Muskat

ZUBEREITUNG:
Die Kartoffeln reiben. Alle Zutaten zu einem Teig vermengen und daraus Klöße formen. Die Klöße in kochendes Salzwasser legen und 15 Minuten langsam sieden lassen.
Rezepte: „Zur Krone“, Beerfelden Gammelsbach

Bier und Brot ist gut für Hungersnot.

Oma Anitas Apfel-Bier-Fleisch

ZUTATEN:
750 g Schweinefleisch von Hals oder Schulter
2 kleine Zwiebeln
100 g Butter
Salz, Pfeffer
1 TL Kümmel
0,3 l Pils
0,2 l Fleischbrühe
1–2 El Mehl
2 Äpfel
50 g Butterschmalz

ZUBEREITUNG:
Die Zwiebeln in Ringe schneiden und im Butterschmalz anbraten. Fleisch würfeln und zugeben. Mit Salz, Pfeffer und Kümmel würzen. Das Bier und die Fleischbrühe zugeben und alles ca. 80 Minuten köcheln lassen. Mehl in etwas Wasser anrühren und die Soße damit binden. Abschmecken mit Salz und Pfeffer. Die Äpfel schälen und das Kerngehäuse ausstechen. Die Äpfel in Scheiben schneiden und in Butterschmalz kurz anbraten. Das Bierfleisch anrichten und mit den Apfelscheiben belegen. Oma Anita empfiehlt dazu Kartoffelklöße oder Salzkartoffeln.
Rezept: „Goldener Apfel“, Hofheim

Braten „Frankfurter Bierkutscher“

ZUTATEN:
1 Schweineschäufele (ca. 600–800 g ohne Knochen)
4 Tomaten
1 Bund Suppengrün
1 Zwiebel
1/2 l Export
1 Zweig Thymian
2 Nelken
2 Lorbeerblätter
4 Pimentkörner
1 Tl Pfefferkörner

Soße: *2 Zwiebeln*
1 Sellerie
1 Stange Lauch
1 Becher Schmand

ZUBEREITUNG:
Suppengemüse und die Zwiebeln grob zerkleinern und mit dem Bier über das Schäufele geben. Die Gewürze dazu geben. Das ganze 24 Stunden im Kühlschrank marinieren, ab und zu wenden und übergießen. Das Schäufele aus dem Fond nehmen. Mit Salz und Pfeffer würzen, leicht mit Mehl bestreuen und mit etwas Öl im Bräter scharf anbraten. Mit der passierten Marinade ablöschen und das Fleisch im vorgeheizten Backofen ca. 70 bis 80 Minuten bei 160–170 Grad garen. Ca. 20 Minuten vor dem Garwerden kleingeschnittene Zwiebeln, Sellerie, Tomaten und Lauch zugeben. Den fertigen Braten aus dem Ofen nehmen und warm stellen. Die Soße auf der Herdplatte reduzieren lassen. Als Beilage schmecken Kartoffelklöße und gedünstetes Weißkraut.
Rezept: „Roter Hahn“, Rüsselsheim

Schweinshaxe in Beerfelder Dunkelbier

ZUTATEN:
4 Schweinshaxen
1/2 l Dunkelbier
2 Zwiebeln
1 Lauchstange
1 große Karotte
Bund Petersilie
2 Knoblauchzehen,
1 Prise Zucker

ZUBEREITUNG:
Die Schweinshaxen mit Salz und Pfeffer würzen und bei mittlerer Hitze ca. 2 Stunden im Ofen garen. In Abständen immer wieder mit 1/4 l Beerfelder Dunkelbier übergießen und nach ca. 1 Stunde im Bräter grob gehacktes Gemüse, Petersilie und die zerhackte Knoblauchzehe mitschmoren lassen. Nach dem Garen die Haxen warm stellen und den Bratenansatz mit einem weiteren 1/4 l Bier ablöschen. Den Fond einköcheln lassen und mit 1 Prise Zucker abschmecken.
Rezept: „Raubacher Höhe“, Rothenberg

So nötig wie das Malz zum Bier,
ist das Wasser auch dafür!

Beim Biere gibt's viel tapfre Leut.

Braumeister-Steak

ZUTATEN:
4 dicke Scheiben Schweinenacken
1/4 l dunkles Bier
80 g Schweineschmalz
3 Zwiebeln
2 Möhren
4 El Mehl
Salz, Pfeffer
1 El Zucker
1 Schuss Essig

ZUBEREITUNG:
Zwiebeln würfeln und in heißem Schmalz anbraten. Das Fleisch zugeben und rundum anbraten. Die Möhren würfeln und mitbraten lassen. Den Fond mit Mehl binden und mit Bier ablöschen. Mit Zucker, Salz, Pfeffer und Essig würzen.
Rezept: „Gasthaus Hirsch", Rothenberg

Gefüllter Schweinerücken mit Blutwurst in Majoran-Bier-Soße

ZUTATEN:
1 kg Schweinerücken
250 g Blutwurst
3 kleine Zwiebeln
2 Karotten
1 Stück Sellerie
1 Stange Lauch
1 El Tomatenmark
0,2 l Pils
3 frische Majoranzweige
Salz, Pfeffer, Majoran

ZUBEREITUNG:
Den Schweinerücken in der Mitte einschneiden und mit Blutwurst füllen. Mit Salz, Pfeffer und Majoran würzen und das Fleisch in Öl anbraten. Die in Würfel geschnittenen Zwiebeln, Lauch, Sellerie und Karotten zugeben und durchrösten. Tomatenmark hinzufügen und Farbe nehmen lassen. Mit einem Teil des Bieres ablöschen und die frischen Majoranzweige zugeben. Den Topf ca. 40 Minuten bei 180 Grad in den vorgeheizten Backofen schieben. Zwischendurch weiterhin mit Bier übergießen. Den Braten aus dem Bräter nehmen und die Soße abpassieren und mit etwas Mehlbutter abbinden.
Rezept: „Ratsherrenstuben", Hattersheim

Zum Tabak gehöret dir, wackrer Mann, ein wackres Bier.

Rind und Kalb mit einem Schuss Bier

Rindfleisch in Bier geschmort

ZUTATEN:
700 g Rindfleisch vom hinteren Schwanzstück
Salz, Pfeffer
6 Scheiben Speck
4 Zwiebeln
1 Mohrrübe
5 Pfefferkörner
5 Wacholderbeeren
1 Lorbeerblatt
1 Flasche Weißbier
1/4 l Wasser
1/2 1 Tasse Essig
1 El Zuckerrübensirup

ZUBEREITUNG:
Das gut abgelagerte Fleisch mit Salz und Pfeffer bestreuen und zusammenschnüren. Einen Schmortopf mit Speckscheiben auslegen, das Fleisch darauf geben und alles mit Zwiebel- und Mohrrübenwürfeln bedecken. Gewürzkörner und Lorbeerblatt zugeben. Weißbier und Wasser zugießen, so dass das Fleisch nicht ganz bedeckt ist. Zum Schluss noch Essig und Zuckerrübensirup zufügen und das Rindfleisch ca. 3 Stunden langsam zugedeckt garen. Das Fett abgeschöpfen, den Fond mit etwas brauner Soße vermischen und das Fleisch darin noch ein Weilchen ganz sacht schmoren lassen.
Rezept: „Zur Krone", Beerfelden-Gammelsbach

Braumeisters Gulasch

ZUTATEN:
1 kg mageres Rindfleisch
500 g geschnittene Zwiebel
1 l Pils
Salz, Pfeffer, Majoran
1 Knoblauchzehe
1/2 Scheibe Vollkornbrot

ZUBEREITUNG:
Rindfleisch und Zwiebeln in mundgerechte Würfel schneiden, mit den Gewürzen und dem Bier in eine Schüssel geben und über Nacht stehen lassen. Am nächsten Tag alles in einem geschlossenen Topf 2 Stunden köcheln lassen, danach abschmecken und mit geriebenem Vollkornbrot leicht andicken. Dazu schmecken Serviettenknödel und Gewürzgurke.
Rezept: „Bockshaut", Darmstadt

Würziges Bierfleisch

ZUTATEN:
0,6 kg Rindergulasch
200 g Zwiebeln
40 g Butterschmalz
30 g Tomatenmark
3 Fleischtomaten
0,5 l Pils
¼ l Brühe
0,4 kg Kartoffelwürfel
0,2 kg Lauchwürfel
1 Becher Schmand
Salz, Pfeffer
1 Tl Majoran

ZUBEREITUNG:
Zwiebeln und Tomaten klein schneiden. Fleisch mit Butterschmalz scharf anbraten, Zwiebeln, Majoran, Tomatenwürfel und Tomatenmark zugeben, 1 Stunde bei kleiner Hitze köcheln, Kartoffelwürfel zugeben und nach weiteren 20 Minuten Lauchwürfel und Schmand zugeben. Noch 10 Minuten weiterkochen und nochmals abschmecken. Dazu passt Kopf- oder Krautsalat.
Rezept: „Roter Hahn", Rüsselsheim

Es geht die Trepp enuf und hat e weiß Häubche uff?

Das Bier.

Wo schmeckt das Bier am besten?

Auf der Zunge.

Wie schreibt man Büro?

Bier-oh!

Geflügel, Wild und Lamm – lecker mit Bier

Bierteig-Allerlei

ZUTATEN:
4 Hühnerbrüstchen
4 Äpfel
200 mg Champignons
2 Birnen
2 Frankfurter Würstchen
8 gefrorene Brokkoliröschen
2 Karotten
Bierteig: 400 ml Bier
6 Eier
400 g Mehl

ZUBEREITUNG:
Für den Bierteig Bier, Eigelb und Mehl verrühren, Eiweiß steif schlagen, unterheben und den Teig mit Salz und Pfeffer abschmecken. Die Hühnerbrüstchen, Äpfel, Birnen, Champignons, Brokkoliröschen, Karotten und Würstchen in mittelgroße Würfel schneiden. Alles erst in Mehl und dann im Bierteig wälzen und in der Friteuse ausbacken. Dazu passen verschiedene Soßen und Dipps.
Rezept: „Waldschloss“, Bad Camberg

Landfrauen-Tipp:
Geflügel wird besonders knusprig, wenn es beim Braten mit einer Mischung aus Bier und etwas Salz bestrichen wird!

Putenragout in Altbier

ZUTATEN:
600 g Putenoberkeule (ohne Knochen, in Würfel geschnitten)
0,3 l Altbier
1 Lorbeerblatt
2 Nelken
2 El Butterschmalz
1 Karotte
1 kleiner Sellerie
1 Stange Lauch
250 g süße Sahne
1/4 l braune Soße
1/2 Tl Marsala, Salz, Pfeffer, Prise Koriander

ZUBEREITUNG:
Putenfleisch in Würfel schneiden, mit Nelken, Lorbeer, Marsala-Gewürz und 0,2 l Altbier ca. 6 Stunden marinieren. Dann Putenfleisch aus der Marinade nehmen, trocken tupfen und mit dem Butterschmalz scharf anbraten. Das Fleisch mit Salz, Pfeffer und Koriander würzen und dem restlichen Altbier ablöschen. Sahne zugeben und das Gericht im geschlossenen Topf ca. 35 Minuten garen lassen. Gemüse in Würfel schneiden, zugeben und weitere 15 Minuten ohne Deckel garen lassen. Die braune Soße zugeben und nochmals abschmecken. Als Beilage schmecken Bandnudeln, gebackener Blumenkohl oder Salat.
Rezept: „Roter Hahn“, Rüsselsheim

Frischlingskeulen in Biersahnesoße

ZUTATEN:
2 Frischlingskeulen à 600 g
Öl oder Butterfett
150 g Wurzelgemüse
(Zwiebeln, Sellerie, Möhren)
1 El Tomatenmark
2 Lorbeerblätter
10 Wacholderbeeren
2 Nelken
1/2 l Dunkelbier
1/2 l Wasser
1 El Johannisbeergelee
1 El Mondamin
1/2 l süße Sahne, Salz, Pfeffer

ZUBEREITUNG:
Die Frischlingskeulen zuschneiden und von Sehnen befreien. Das Fleisch in einem Bräter in heißem Butterfett oder Öl von beiden Seiten anbraten. Das Wurzelgemüse würfeln und kurz mitbraten. Tomatenmark einrühren und die Gewürze zugeben. Wenn alles Farbe angenommen hat, mit dem Bier ablöschen und mit Wasser angießen. Johannisbeergelee hinzufügen und aufkochen lassen. Den Bräter zudecken und in den 200 Grad heißen vorgeheizten Backofen schieben. Nach einer Stunde den Bräter aus dem Ofen holen und die Keulen warm stellen. Den Soßenfond durchpassieren und mit glattgerührtem Mondamin binden. Die Sahne einrühren und die Soße abschmecken. Die Frischlingskeulen in fingerdicke Scheiben schneiden und mit der Biersahnesauce servieren,
Rezept: Andreas Fischer, Privatbrauerei „Felsenkeller", Beerfelden

Lammrücken in Altbier-Marinade

ZUTATEN:
1 Lammrücken (vom Metzger ohne Haut und Sehnen)
1 Thymianzweig
5 Wacholderbeeren
1 El bunter Pfeffer
6–8 Rosmarinnadeln
Salz, Brunnenkresse
***Marinade:** 3 El Altbier*
5 El Traubenkernöl
1 El Sherry
1 El Weinbrand
1 El Schlotten
1 geriebene Knoblauchzehe
1/2 Tl Zucker
1 Tl süße Sojassoße

ZUBEREITUNG:
Den Lammrücken mit Salz würzen, mit zerdrückten Wacholderbeeren und Pfefferkörnern einreiben und in eine Schüssel geben. Die Schüssel abdecken und das Fleisch ca. 4 Stunden in den Kühlschrank stellen. Für die Marinade Öl, Altbier, Sherry und den Weinbrand verrühren, Schlotten klein schneiden und mit den restlichen Zutaten zugeben. Die Marinade über den Lammrücken gießen. Das Fleisch weitere 24 Stunden im Kühlschrank stehen lassen, dabei immer wieder wenden und mit der Marinade übergießen. Dann den Rücken in ganz dünne Scheiben schneiden, auf einem Teller im Kranz anrichten, mit der Marinade beträufeln und in die Mitte des Tellers angemachten Salat nach Wahl garnieren.
Rezept: „Roter Hahn", Rüsselsheim

Fisch will in Bier schwimmen!

Victoriabarsch in Currybierrahm

ZUTATEN:
800 g Victoriabarschfilet
50 g Butter
50 g Zwiebeln
50 g Äpfel
50 g Ananas
1 El Currypulver
2 dl Sahne
2 dl Bier
2 dl Ananassaft
Saft von einer Zitrone
1 Tl Mondamin
Salz, Pfeffer

ZUBEREITUNG:
Das Fischfilet in vier gleich große Stücke schneiden, mit Salz und Pfeffer würzen und mit etwas Zitronensaft beträufeln. Zwiebeln, geschälte Äpfel und Ananas fein würfeln. Eine flache Kasserolle mit der Butter ausstreichen und mit den Zwiebelwürfeln ausstreuen. Die Fischstücke darauf legen und die Apfel- und Ananaswürfel sowie das Currypulver darüber streuen. Mit Bier und Ananassaft angießen, den Deckel auflegen und 4 Minuten bei mittlerer Hitze dünsten. Dann die Sahne hinzufügen und weitere 4 Minuten dünsten. Die Fischstücke, sobald sie gar sind, auf eine vorgewärmte Servierplatte legen. Die Soße mit in etwas Wasser angerührtem Mondamin binden, abschmecken und über die Fischstücke gießen.
Rezept: „Pension am Walde“, Beerfelden

Ein gutes Bier, oh Mensch, dies merke,
gibt morgens guten Mut zum Werke.
Des Mittags hilft das Bier verdaun’,
am Abend schafft es gute Laun’.
Doch Alp und böse Träum’ es bringt,
dem, der des Nachts zu wenig trinkt!
(altes deutsches Lied)

Gefüllte Forelle im Dörrfleischmantel

ZUTATEN:
4 Forellen (ausgenommen und gesäubert)
8 Scheiben Dörrfleisch
4 El gehackte Kräuter
Salz, Zitronensaft
1 Becher Schmand
1/4 l Exportbier
Dill, Petersilie, Schlotten
30 g Butter
Mehl

ZUBEREITUNG:
Forellen mit je 1 El Kräuter füllen und mit Salz und Zitrone würzen. Je 1 Forelle mit 2 Scheiben Dörrfleisch umwickeln und leicht in Mehl wenden. Die Butter in der Pfanne zerlassen und die Forelle von beiden Seiten anbraten, mit dem Bier ablöschen, den Schmand zugeben, einen Deckel auf die Pfanne geben und ca. 8 Minuten leicht kochen lassen. Dann die Forelle aus der Soße nehmen und warm stellen. Die Soße etwas reduzieren lassen und mit Dill, Petersilie und Schlotten abrunden und über die Forelle geben. Als Beilage gibt es Salzkartoffeln und Blattsalat.
Rezept: „Roter Hahn“, Rüsselsheim

Karpfen in Bierlaune

ZUTATEN:
1 Karpfen (ca. 1 kg)
3 El Butter
1/8 Sellerie
2 Zwiebeln
1 Petersilienwurzel
1 Stange Lauch
1 Flasche dunkles Bier
1 Tasse Wasser
1 Zitrone
2 Nelken
1 Lorbeerblatt
Salz, Pfeffer
60 g Lebkuchen
20 g geschälte Mandeln
20 g Rosinen
etwas Zucker

ZUBEREITUNG:
Den Karpfen schuppen, ausnehmen, waschen und in Stücke schneiden. Sellerie, Petersilienwurzel, Lauch und Zwiebel fein schneiden und in zerlassener Butter weich dünsten. Gewürze, Bier, Wasser und Zitronensaft zugeben. Die Fischstücke hineinlegen und in dem Sud langsam gar ziehen lassen. Lebkuchen reiben, Mandeln fein schneiden und beides mit den Rosinen und dem Zucker dazugeben. Alles nochmals kurz durchkochen lassen.
Rezept: Ruth Klesper, Lauterbacher Burgbrauerei

Forellen im Biersud

ZUTATEN:
4 Forellen
1/2 Flasche Pils
je 1/4 l Weißwein und Wasser
2 El Essig, Salz
Schale von 1/2 unbehandelten Zitrone
2 Tl Meerrettich
1 Zweig frischer Thymian

ZUBEREITUNG:
Die ausgenommenen geputzten Forellen mit Salz und Pfeffer einreiben. Aus den restlichen Zutaten einen Sud mischen und diesen gut durchkochen. Die Forellen hineinlegen und auf kleiner Flamme 10 Minuten darin ziehen lasen. Die Forellen auf einer heißen Platte anrichten.
Rezept: Silvia und Christian Koch, „Restaurant Pempel", Großalmerode

Ich trink mit dir aus einem Fass,
aber nicht aus einem Glas!

Köstliche kleine Bier-Gerichte

Selleriescheiben in Bierteig

ZUTATEN:

500 g gekochte Selleriescheiben

Salz, Muskat

3–4 El Mehl

1 Ei

1/8 l helles Bier

Backfett

ZUBEREITUNG:
Selleriescheiben mit Salz und Muskat würzen und eine Stunde ziehen lassen. Aus den übrigen Zutaten einen dickflüssigen Teig rühren und die Selleriescheiben durch den Teig ziehen. Selleriescheiben in reichlich Fett in der Pfanne von beiden Seiten goldgelb backen oder in der Friteuse schwimmend ausbacken. Sie schmecken sehr gut als heiße Vorspeise oder auch als Beilage zu gebratenem Fleisch.
Rezept: Else Habicht, Lauterbach

Wenn's Bier regnet und Bratwürste schneit, dann bitten wir Gott, dass das Wetter so bleibt!

Hopfensprossen-Salat mit Honig und Bier

ZUTATEN:

500 g Hopfensprossen

1 Zitrone

1 El Honig

100 ml helles Alt

Olivenöl

Balsamico-Essig

Salz, weißer Pfeffer

1 Knoblauchzehe

4 Frühlingszwiebeln

Petersilie, Kerbel, Schnittlauch

ZUBEREITUNG:
Die Hopfensprossen in Salzwasser 8 Minuten nicht zu weich kochen. Aus den restlichen Zutaten eine Marinade rühren, die Sprossen in der Marinade 30 Minuten ziehen lassen. Den Salat mit Bauernbrot servieren.
Rezept: „Jägerhof", Lauterbach-Maar

Durst wird duch Bier erst schön!

Frischer Spargel in Bierteig auf Tomatenwürfeln

ZUTATEN:

2 kg Spargel

6 Tomaten

250 g frische Champignons

3 Knoblauchzehen

etwas Butter und ein Bund frische Kräuter

Bierteig: *400ml Bier*

6 Eier

400 g Mehl

ZUBEREITUNG:
Den Spargel schälen und in Salzwasser nicht zu weich kochen. Bier mit Eigelb und Mehl zu einem Teig verrühren. Eiweiß aufschlagen, unterheben und den Teig mit Salz und Pfeffer abschmecken. Den Spargel in Mehl wälzen, in den Bierteig legen und dann in der Friteuse ca. 1 Minute ausbacken. Tomaten und Champignons würfeln, die gepresste Knoblauchzehe dazu geben. Alles zusammen in Butter anschwitzen und mit viel frischen gehackten Kräutern verfeinern. Die Spargel auf Teller geben und mit der Tomatensoße überziehen.
Rezept: „Waldschloss", Bad Camberg

Brauen bringt den Bürgern goldene Nahrung ein.

Himmel und Erde mit Sahne-Bier

ZUTATEN:

650 g Kartoffeln

250 g Blutwurst

650 g grüne Boskop Äpfel

0,1 l Export

0,2 l süße Sahne

Salz, schwarzer Pfeffer

getrockneter Majoran

ZUBEREITUNG:
Kartoffeln waschen, schälen und in etwa 3 mm dicke Stücke schneiden. Die Blutwurst in Stücke schneiden. Äpfel waschen, Kerngehäuse entfernen und in gut 1 cm dicke Scheiben schneiden. Die Äpfel, Kartoffeln und die Wurst im Wechsel dachziegelartig in eine Form einschichten. Das Bier mit der Sahne verrühren, würzen und „Himmel und Erde" damit übergießen. Im vorgeheizten Backofen ca. 45 Minuten bei 160 Grad garen.
Rezept: „Roter Hahn", Rüsselsheim

Bierhymne

***B**iedere **b**rave **B**ierbrauerburschen **b**ereiten **b**eständig **b**itteres **B**ier. **B**ekanntlich **b**esonders **b**illiges **B**edürfnis **b**rüderlich-**b**ehaglich **b**eisammenbleibender **b**ürgerlicher **B**iertrinker. **B**ierfeindlich **b**etörte **B**achus-**B**rüder **b**ehaupten **b**loß **b**isweilen **b**estimmt, **B**ier **b**erausche **b**ald, **b**efriedige **b**etrunkene **B**auern, **b**efördere **b**linden **B**lödsinn, **b**reche **b**edauerlichen **B**egierden **b**odenlose **B**ahn!*
***B**egeistert **B**achus **b**esser? **B**evor **b**egründete **B**eweise **b**estätigen, **b**leibt's **b**eim **B**esseren – **b**leibt's **b**eim **B**ier!*

Nudelteig mit Altbier

ZUTATEN:

500 g Mehl

2 El Grieß

2 Eigelb

ca. 0,2 l Altbier

Salz und Muskat

ZUBEREITUNG:
Die Zutaten miteinander verkneten. Aus dem Teig Nudeln bereiten. Ins Nudelwasser zum Garen der Nudeln zusätzlich etwas Bier geben, das verstärkt den Biergeschmack.

Rezepte: „Alt-Lichtenberg", Fischbachtal-Lichtenberg

An dem ist Hopfen und Malz verloren!

Der macht ja ein Gesicht wie Sauerbier!

Gegen Bier und Tabakdunst ist alle Weiberlist umsunst.

Schorschis Tomaten-Bier-Confit

ZUTATEN:

1 Zwiebel

3 Tomaten

1/2 rote Paprika

1/2 grüne Paprika

2 EL Olivenöl

Knoblauch, Oregano, Salz, Pfeffer

etwas Mondamin, 1/4 l Altbier

ZUBEREITUNG:
Zwiebel, Tomaten und Paprika in Würfel schneiden. Die Zwiebelwürfel in Olivenöl glasig werden lassen. Tomaten-, Paprikawürfel und gehackten Knoblauch hinzugeben und ca. 1 Minute einköcheln. Dann Salz, Pfeffer, Oregano und Bier hinzugeben und zur Hälfte einkochen lassen. Eine Prise Zucker zugeben und mit Mondamin leicht abbinden. Das Tomaten-Bier-Confit sofort über den Nudeln anrichten.

Toast mit Bier-Käse

ZUTATEN:

200 g geriebener Hartkäse

100 ml Pils

1 Eigelb

1 Prise Cayennepfeffer

1/4 Tl Senfpulver

1 Spritzer Worchestersauce

4 Scheiben entrindetes Toastbrot

ZUBEREITUNG:
Aus Käse, Bier, Eigelb und den Gewürzen eine feste Masse rühren. Ist sie zu dünn, noch etwas geriebenen Käse zugeben. Die Brotscheiben toasten. Die Käsemasse pyramidenartig darauf setzen und im Ofen bei starker Oberhitze überbacken.
Rezept: „Ratsherrenstuben", Hattersheim

Schwarzbierklößchen

ZUTATEN:
2 altbackene Weißbrötchen
2 altbackene Vollkornbrötchen
3 El Weckmehl
je 1/8 l Milch und Schwarzbier
2 Eier
1 kleiner Bund gehackte Blattpetersilie
100 g ausgelassenes Dörrfleisch
frischer Majoran
Pfeffer und Salz
1 kg Pfifferlinge
2 Zwiebeln
1/8 l Sahne
Pfeffer, Salz

„Das Bier gibt grober Feuchte viel, stärkt's Geblüt und mehret's Fleisch ohn Ziel.
Es leert die Blas und weicht den Bauch, es kühlt ein wenig und bläst auch auf."

ZUBEREITUNG:
Die Brötchen in 1 cm dicke Würfel schneiden und in heißer Milch einweichen. Schwarzbier zugegeben und 10 Minuten weichen lassen. Kräuter, Gewürze, Eier, Dörrfleisch und Weckmehl untermengen. Kleine Klößchen formen und diese in leicht siedendem Wasser garen. Aus Butter und Weckmehl Brösel herstellen und über die Klößchen geben. Für die Pfifferlinge Zwiebelwürfel glasig anbraten, die Pilze zugeben, mit Sahne auffüllen und reduzieren lassen. Mit Salz und Pfeffer abschmecken.
Rezept: Richters Restaurant „Georgi", Groß-Zimmern

„Stolzer Heinrich"

ZUTATEN:

2 Flaschen Pils

500 g Bratwurst (die Berliner nennen ihre Riesenbratwürste gerne „Stolzer Heinrich")

2 El Butter

1 Zwiebel

2 Lorbeerblätter

8 Pfefferkörner

ZUBEREITUNG:
Die Wurst mit kochendem Wasser übergießen. Zwiebel in Ringe schneiden und in Butter anbraten. Die Wurst darin von allen Seiten anbraten. 1/4 l Bier zugießen und auf starker Hitze kochen bis sich das Bier am Pfannenboden braun absetzt. Das restliche Bier nachgießen bis die Wurst gerade noch bedeckt ist. Lorbeerblätter und Pfeffer zugeben und den „Stolzen Heinrich" noch 30 Minuten schmoren lassen. Die Soße kann man noch mit etwas Kartoffelmehl binden.
Rezept: Reiner Vigelahn, „Hotel Stern", Oberaula

Kastanien mit Bierkraut

ZUTATEN:

Je 1 Glas Pils und Wasser

1 Pfund Esskastanien

1 Kopf Rotkraut

4 El Butter

Salz, Pfeffer

ZUBEREITUNG:
Die Kastanien schälen, in heißes Wasser geben und abziehen. Butter erhitzen. Das fein geschnittene Rotkraut darin mehrfach wenden bis es zusammenfällt. Die Kastanien dazu geben. Bier, Wasser und Gewürze untermischen und das Bierkraut zugedeckt 2 Stunden garen. Dabei soll es immer wieder gewendet werden.
*Rezept: Reiner Vigelahn, „Hotel Stern",
Oberaula*

Bierbrauerbrot mit „Kälberzähnen"

ZUTATEN:

500 g Mehl

1 Päckchen Trockenhefe

100 g gekochte „Kälberzähne" (Graupen)

1/2 Tl Salz

1/4 Tl Zucker

1/8 l Milch

1/8 l Bier

ZUBEREITUNG:
Aus allen Zutaten einen Hefeteig bereiten und diesen 1- bis 2-mal gehen lassen. Aus dem Teig drei längliche Brote formen. Sie sollen nochmals gehen und werden dann bei 180 Grad ca. 30 Minuten gebacken.
Rezept: „Ratsherrenstuben", Hattersheim

Dunkelbier-Salat mit Kräuterzickli

ZUTATEN:

1 Kopfsalat

1 Kopf Radicchio

2 Bund Ruccola

4 Kräuterzickli-Käse der Hüttenthaler Molkerei

0,3 l Dunkelbier

Zwiebel, Knoblauch

Bärlauch (je nach Jahreszeit)

Schnittlauch, Petersilie

7 El Kräuteressig

4–5 El Öl

1 Tl Honig

2 El Senf

Salz und geschroteter Pfeffer

ZUBEREITUNG:
Die Kräuter hacken und mit Essig, Öl, Honig, Senf, Salz, Pfeffer und dem Dunkelbier zu einer Marinade rühren. Den geputzten Salat mit der Biermarinade vermengen.
Von dem Hüttenthaler Kräuterzickli vier Scheiben im Grillofen 2–3 Minuten erhitzen, bis er zu „laufen" beginnt. Die erhitzten Kräuterzickli-Scheiben auf den Salat legen.
Rezept: Gasthof „Hirsch", Rothenberg

Oma Mariannes Krautstrudel

ZUTATEN:

Für den Teig: *500 g Mehl*

1 Päckchen Trockenhefe

1 Ei

1/4 l Pils

80 g Butterschmalz

1 Tl Salz

Für die Füllung: *30 g Butterschmalz*

50 g Zwiebelwürfel

500 g Sauerkraut

400 ml Sahne

ca. 30 g Stärkemehl

ZUBEREITUNG:
Aus den Teig-Zutaten eine Hefeteig kneten und diesen 1- bis 2- mal gehen lassen. Die Zwiebelwürfel in Butterschmalz anschwitzen und das Sauerkraut zugeben. Mit der Sahne aufgießen und ca. 10–15 Minuten köcheln lassen. Ist die Masse noch zu dünn, mit etwas angerührter Stärke binden. Die Masse auskühlen lassen. Den Teig ca. auf 40 x 60 cm ausrollen, mit der vorbereiteten Füllung bestreichen und rollen. Den Krautstrudel auf ein Backblech geben, mit Eigelb bestreichen und ca. 45–50 Minuten bei mittlerer Hitze backen. Oma Marianne empfiehlt dazu Kräuterschmand und grünen Salat.
Rezept: „Ratsherrenstuben", Hattersheim

Bierkartoffeln

ZUTATEN:

1 kg geschälte Pellkartoffeln vom Vortag

1 kleine Zwiebel

5 Nelken

1 l Pils

50 g Butter

ZUBEREITUNG:
Die Kartoffeln in Scheiben schneiden. Zwiebeln schälen und Nelken in die Zwiebel drücken. Das Bier mit der Zwiebel aufkochen. Die Butter, Kartoffelscheiben und etwas Salz zugeben und die Bierkartoffeln ca. 20–30 Minuten dünsten. Sie schmecken sehr gut zu grober Bratwurst oder zu gekochtem Rindfleisch.
Rezept: „Goldener Apfel", Hofheim

Hähnchenschenkel in Bierteig

ZUTATEN:
4 Hähnchenschenkel à 250 g
Salz, Pfeffer
Schale von 1/2 unbehandelten Zitrone
200 g Mehl
2 El Bier
2 El Öl
2 Eier
Pflanzenfett

ZUBEREITUNG:
Die Hähnchenschenkel mit Salz, Pfeffer und abgeriebener Zitronenschale einreiben. Aus Mehl, Bier, Öl, Salz und Eiern einen Teig rühren. Die Schenkel in Mehl wenden, das Mehl leicht abklopfen. Dann das Fleisch im Teig wenden und im heißen Pflanzenfett 20 Minuten schwimmend ausbacken.

Bier-Frikadellen

ZUTATEN:
je 125 g Schweine- und Rinderhackfleisch
1 Zwiebel
1 Ei
1 Brötchen
1/8 l Milch
2 El frische gehackte Petersilie
etwas Estragon, Salz, Pfeffer
Soße: *2 Zwiebeln*
2 El Butter
Prise Muskat
1 Glas Pils
2 El Fleischbrühe
1/2 Tl Zucker

ZUBEREITUNG:
Das Brötchen in Milch einweichen und wieder ausdrücken. 1 Zwiebel fein hacken und in 2 El Butter anbraten. Brötchen, Hackfleisch, Ei und Gewürze mischen und kleine Frikadellen daraus formen. Die Frikadellen 10 Minuten in heißer Butter braten. 2 Zwiebeln in Ringe schneiden und in 2 El Butter dünsten. Mit dem Bier ablöschen und mit Fleischbrühe und Zucker abschmecken. Die Frikadellen in die Sauce geben und weitere 5 Minuten darin köcheln lassen.
Rezept: Reiner Vigelahn, „Hotel Stern“, Oberaula

Bierselige Kartoffelfrikadellen

ZUTATEN:
500 g geschälte Pellkartoffeln vom Vortag
1 kleine Zwiebel
1 Ei
100 ml Pils
80 g Paniermehl
Salz, Pfeffer, Muskat
Schmalz zum Backen

ZUBEREITUNG:
Pellkartoffeln und die Zwiebeln fein reiben und mit Ei, Bier und dem Panierbrot zu einem Teig verarbeiten. Die Masse mit Salz, Pfeffer und Muskat abschmecken und kleine Frikadellen daraus formen. Die Bierfrikadellen in Schmalz auf beiden Seiten braun braten. Sie schmecken sehr gut als Beilage zu Schweinebraten.
Rezept: „Goldener Apfel“, Hofheim

Bierbratwurst

ZUTATEN:

2 kg schlachtfrisches mageres

Schweinefleisch von der Schulter

1 kg Speck

1/2 l Bier

500 g zerkleinertes Eis

3 kg mageren Schweinebauch

Gewürze pro kg fertige Wurstmasse:

24 g Salz, 2 g Pfeffer, 0,5 g Muskat, 1g gemahlener Kümmel, Knoblauch nach Geschmack,

1 Prise Kardamom

ZUBEREITUNG:
Das Schweinefleisch und den Speck getrennt durch die 3 mm starke Scheibe des Fleischwolf lassen. Schweinefleisch in den Kutter geben und mit den Gewürzen in den Kutter geben, Eis und Bier zugeben und ein Brät herstellen. Den Speck dazugeben und das Brät fertig kuttern. Den Schweinebauch mit der 3 mm Scheibe wolfen und unter das Brät mengen. Die Masse in Schweinedärme 22/24 füllen und im Kochkessel bei 70 Grad 20 Minuten abkochen. Dann die Würste aus dem Kessel nehmen und in kaltem Wasser abkühlen. Die Bierbratwurst in der Pfanne goldbraun braten und mit Bierbrot und Birnensenf servieren.
Rezept: „Jägerhof", Lauterbach-Maar

Bierkraut

ZUTATEN:

1 l helles Bier

1/4 l Wasser

1 1/2 kg Weißkraut

150 g Speckwürfel

2 Zwiebeln

Salz, Pfeffer

1 Tl Kümmel

2 El Mehl

Zucker, Salz, etwas Essig

ZUBEREITUNG:
Den Weißkohl waschen, und fein schneiden, Speck und Zwiebelwürfel glasig braten. Weißkraut zugeben. Die Gewürze unterrühren. Alles andünsten und dabei ständig wenden bis das Kraut zusammengefallen ist. Nun schluckweise Bier und Wasser zugeben und das Bierkraut zugedeckt weich schmoren lassen. Zum Schluss noch mit Mehl einstäuben, nochmal aufkochen lassen und das Gericht mit Zucker und Essig abschmecken.
Rezept: Franz Graulich, Auerhahnbräu, Schlitz

Beim Bier wird Freundschaft geschlossen,
da trinkt man sich brüderlich zu,
und so wie die Hopfe sprossen,
ertönt es in Du und Du!

Leckere Biersoßen

Dunkelbier-Soße

(8–10 Personen)

ZUTATEN:

1 kg Kalbs- und Schweineknochen

kleingehackt und Schinkenschwarte

400 g Röstgemüse (2 Teile Zwiebeln, je 1 Teil

Sellerie, Lauch, Möhren, Petersilienwurzel)

$^1/_2$ Tl Thymian, 1 Tl Majoran

1 kleiner Rosmarinzweig

2 Lorbeerblätter, 10 Pfefferkörner

10 Wacholderbeeren, 2 Nelken, 2 El Tomaten-

mark, 1 El Honig, 1 $^1/_2$ l Dunkelbier

$^1/_4$ l Bratensaft, Wasser, Salz etwas Paprika

4 El Öl zum Anbraten, etwas Mehl und Butter

ZUBEREITUNG:
Knochen und Schwarten in heißem Öl anbraten. Das grob geschnittene Röstgemüse zugeben und mitrösten. Dann die Gewürze, den Honig und das Tomatenmark einrühren und aufkochen. Mit Wasser ablöschen und reduzieren. Hat alles eine schöne Farbe, mit Dunkelbier ablöschen, mit Bratensaft (Fond) auffüllen und 2 Stunden kochen lassen. Die Soße nach der Kochzeit mit etwas Mehlbutter binden und durch ein Sieb passieren.
Rezept: „Zur Krone", Beerfelden-Gammelsbach.

Lauterbacher Biersoße

ZUTATEN:

60 g Butter

50 g Mehl

$^1/_2$ l helles Bier

$^1/_4$ l Fleischbrühe

Salz, Pfeffer

1 Prise Zucker

ZUBEREITUNG:
Aus Fett und Mehl eine helle Mehlschwitze rühren und diese mit Bier und Fleischbrühe ablöschen. Die Soße ca. 20 Minuten kochen lassen und abschmecken. Sehr gut schmeckt sie mit gekochter Zunge, Salzkartoffeln und Salat.
Rezept: Else Habicht, Lauterbach

Wer das Bier nicht kennt,
weiß nicht, was gut ist.

Altes Sprichwort der Summerer

Starkbiersoße

ZUTATEN:

1–2 kg Knochen von Rind, Kalb oder Schwein

2 Zwiebeln

1 Möhre, 1/2 Stange Lauch

1/8 Knolle Sellerie

1–2 Flaschen Starkbier

Salz, Pfeffer, Lorbeerblatt

2 Knoblauchzehen

Thymian, Pfefferkörner

2 El Tomatenmark

1/2 l Fleischbrühe, 1/8 l Sahne

ZUBEREITUNG:
Knochen klein hacken und in heißem Fett anbraten bis sie Farbe bekommen haben. Gemüse klein schneiden und kurz mitrösten. Tomatenmark zugeben, kurz anrösten und mit dem Bier ca. 3- bis 4-mal ablöschen. Mit Bier und Fleischbrühe auf ca. 2 l auffüllen. Die Hitze reduzieren und die Soße auf die Hälfte reduzieren lassen. Kräuter und Knoblauch hacken, Gewürze zerstoßen und ca. Stunde vor Ende der Kochzeit zugeben. Die Soße über ein Sieb abpassieren, abschmecken und mit Sahne verfeinern.
Rezept: „Zur Dampfmühle“, Beselich/Schupbach

Schützen-Biersoße

ZUTATEN:

1 El Butter

1/2 Zwiebel

0,2 l Dunkelbier

0,3 l Bratensoße

ZUBEREITUNG:
Zwiebel würfeln und in heißer Butter glasig dünsten. Mit dem Bier ablöschen und mit Bratensoße auffüllen. Nur einmal kurz aufkochen lassen. Nicht länger kochen lassen, da die Soße sonst bitter wird.
Rezept: Claus Denninger, Gasthaus „Zum Schützenhof“, Beerfelden

Wilhelms Biersoße

ZUTATEN:

4 dl Dunkelbier

Prise Zucker

etwas Kümmel

4 dl Bratensaft

Salz, Pfeffer

ZUBEREITUNG:
Das Dunkelbier mit dem Zucker und dem Kümmel zum Kochen bringen und um die Hälfte reduzieren. Dann mit dem kräftigen Bratensaft auffüllen, aufkochen lassen und eventuell mit etwas angerührter Kartoffelstärke abbinden. Mit Salz und Pfeffer abschmecken.
Rezept: „Zum Grünen Baum“ Hesseneck-Hesselbach

Süßes mit Bier – die reinste Verführung

Bratapfel „Roter Hahn"

ZUTATEN:

4 Äpfel

4 El Rosinen

2 El Mandelstifte

40 g Marzipan

Butter, 1 Stange Zimt

0,2 l Bier

2 El Honig

***Soße:** 2 Eigelb*

1 Stange Vanille

ZUBEREITUNG:
Die Äpfel großzügig ausstechen. Rosinen, Mandeln und Marzipan verkneten. Die Äpfel mit der Masse füllen und mit Butterflocken bedecken. Äpfel in einen Bratentopf setzen und mit Bier, Honig und Zimt angießen. Die Äpfel im Backofen bei 180 Grad ca. 15–18 Minuten garen, danach aus dem Fond nehmen und warm stellen. Den Fond mit Eigelb und dem Mark der Vanillestange im Wasserbad schaumig schlagen. Bratäpfel und den Vanilleschaum auf heißen Tellern anrichten. Dazu passt Vanille- oder Walnusseis.
Rezept: „Roter Hahn", Rüsselsheim

Wenn der Däne verliert seine Grütze, der Franzose des Wein, der Schweizer die Suppe und der Deutsche das Bier, sind sie verloren alle vier!

Bockbier-Zabaione

ZUTATEN:

150 ml Bockbier

20 g Zucker

1 Tl gemahlener Zimt

3 Eigelb

ZUBEREITUNG:
Die Zutaten in eine Schüssel geben und im heißen Wasserbad schaumig schlagen. Die Zabaione auf Desserttellern anrichten.
Rezept: „Gasthaus Hirsch", Rothenberg

Wenn du mal recht durstig bist und das Bier hübsch saftig ist – kannst du dann wohl widerstehn? Hin zum Wirte wirst du gehn, tust am Bier dich gütlich, fühlst dich urgemütlich.

Gottlob Samuel Mohn, Wien, 1817

„Heiraten, Backen und Brauen geraten nicht allemal!“

Welfencreme

ZUTATEN:

Weiße Creme: *1/2 l Milch*

40 g Zucker

1 Vanillestange

40 g Stärkemehl

4 geschlagene Eischnee

Gelbe Creme: *4 Eigelb*

80 g Zucker,

1/4 l Weizenbier

1 El Zitronensaft

1 Tl Stärkenmehl

ZUBEREITUNG:
Milch, Zucker, und ausgekratzte Vanille zusammen aufkochen, Stärkemehl zugeben und die Mischung weitere zwei Minuten aufkochen lassen. Eischnee unterziehen und die weiße Creme abkühlen lassen. Alle Zutaten für die gelbe Creme in einen Topf geben, die Masse mit dem Schneebesen schaumig schlagen und aufkochen. Diese Creme danach auf die weiße Creme heben und kalt stellen.
Rezept: „Zur Krone“, Beerfelden-Gammelsbach, Wolfgang Gebrig

„Ist erst das Bier im Manne, ist der Verstand in der Kanne!“

Hattersheimer Bierkuchen

ZUTATEN:

Teig: *200 g Mehl*

100 g gemahlene Haselnüsse

100 g Butterschmalz

250 g Zucker

100 ml Bier

1 Päckchen Vanillezucker

1/2 Päckchen Backpulver

4 Eier

Belag: *125 g Butter*

100 g Puderzucker

150 g Kokosfett

2 El Kakao

ZUBEREITUNG:
Aus allen Zutaten einen Rührteig herstellen. Den Teig auf einem gefetteten Backblech gleichmäßig verteilen und den Bierkuchen ca. 25 Minuten bei 150 Grad backen.
Für den Belag die weiche Butter mit dem Puderzucker gut verrühren und auf den ausgekühlten Kuchen streichen. Danach das Kokosfett zerlassen, mit dem Kakao mischen und darüber streichen.
Rezept: „Ratsherrenstuben“, Hattersheim

Hopfengeist-Parfait

ZUTATEN:

200 g Zucker

8 Eigelb

1 El Honig

1 l geschlagene Sahne

6–8 cl Hopfengeist (ein Bierbrand)

ZUBEREITUNG:
Den Zucker mit den Eigelben in einer Schüssel im heißen Wasserbad bei 60 Grad schaumig schlagen. Den Hopfengeist dazu geben und die Speise kalt schlagen. Die geschlagene Sahne unterheben und die fertige Parfaitmasse in eine Form füllen. Das Parfait ca. 5–6 Stunden herunterfrieren. Vor dem Servieren leicht antauen lassen und mit frischen Beeren anrichten.
Rezept: „Jägerhof", Lauterbach-Maar

Beerfelder Bockbiercreme

ZUTATEN:

200 g Creme double

160 g Bockbier

200 g geschlagene Sahne

30 g Ahornsirup

6 El Gelatine

ZUBEREITUNG:
Die Creme double mit dem Ahornsirup halb schaumig schlagen. Gelatine einweichen und in etwas Bockbier auflösen. Die Gelatine dann mit dem restlichen Bier in die Creme einlaufen lassen. Geschlagene Sahne unterheben und die Bockbiercreme in Gläser füllen und einige Stunden kalt stellen.

Immer trinken ohne Singen,
schläfert nur den Brauer ein.
Soll das Bier uns gut gelingen,
muss beim Brauen gesungen sein!

Zwetschen in Bierteig auf Zwetschensoß'

ZUTATEN:

500 g Zwetschen

8 cl Zwetschenwasser

400 ml Rotwein

400 g Zucker

***Bierteig:** 400 ml Bier*

6 Eier, 400 g Mehl

ZUBEREITUNG:
Für den Bierteig Eigelb und Mehl verrühren. Eiweiß aufschlagen, unterheben und mit Salz und Pfeffer abschmecken. Die Zwetschen waschen und entsteinen. 400 g der Zwetschen in Zucker und Mehl wälzen, in den Bierteig legen und in der Friteuse ausbacken. Zwetschen auf ein Küchentuch legen und mit Zimt und Zucker bestreuen. Für die Soße 100 g Zwetschen mit Zucker und Rotwein einkochen, zum Schluss das Zwetschenwasser zugeben. Die Soße auf vier Teller geben und die gebackenen Zwetschen hineinsetzen. Dazu gibt es Vanilleeis und Sahne.
Rezept: Holger Hofmann, „Hotel Waldschloss", Bad Camberg

Weizenbier-Gelee

ZUTATEN:
1 Flasche Weizenbier
abgeriebene Schale einer Zitrone
10 Blatt rote Gelatine
Zucker nach Geschmack

ZUBEREITUNG:
Das Bier zusammen mit Zucker und Zitronenschale erhitzen. Es darf aber nicht kochen! Gelatine einweichen, in heißem Wasser auflösen, durch ein Haarsieb streichen und dazu geben. Die Flüssigkeit gut umrühren, abkühlen lasen, in eine Schale füllen und 12 Stunden kalt stellen. Das Weizenbier-Gelee mit Schlagsahne garnieren.
Rezept: Björn Sippel, „Meißnerhof", Germerode

Vanilleeis mit Bierschaum

ZUTATEN:
4 Bällchen Vanilleeis
3 Eigelb
1 El Honig
0,2 l Bier
etwas Zimt
Sahne, Obst
Minzeblätter zum Garnieren

ZUBEREITUNG:
Zur Vorbereitung des Desserts einen feuerfesten Teller für 1 Stunde ins Gefrierfach stellen. Danach 3 Bällchen Vanilleeis auf den Teller setzen, das Eis flachdrücken und den Teller wieder ins Gefrierfach stellen. Eigelb, Honig, Bier und etwas Zimt im heißen Wasserbad zu einer festen, cremigen Masse schlagen und über den Eisteller geben. Den Teller ca. 1 Minute bei Oberhitze höchste Stufe im Backofen überbacken und das Dessert mit Sahne, Obst und Minzeblättern nach Geschmack garnieren.
Rezept: „Alt-Lichtenberg", Fischbachtal-Lichtenberg

Bierkaltschale

ZUTATEN:
1/2 l helles oder dunkles Bier
1/2 l Milch
Zucker, Schale von 1/2 unbehandelten Zitrone
1/2 Stange Zimt
2 Nelken
25 g Speisestärke
4 El süße Sahne
1 Eigelb, Zucker, Weinbrand

ZUBEREITUNG:
Bier und Milch mit den Gewürzen aufkochen, die angerührte Speisestärke hineinrühren und nochmals aufkochen. Sahne und Eigelb verquirlen, in die Flüssigkeit rühren, mit Zucker abschmecken und nach Belieben mit Weinbrand verfeinern. Zimtstange und Nelken herausnehmen und die Kaltschale gut gekühlt servieren.
Rezept: Else Habicht, Lauterbach

Prost mit Bier!

Warmbier

ZUTATEN:

1 l Bier

Zimt

Zitronenschale

Zucker nach Geschmack

2 Eigelb

ZUBEREITUNG:
Bier mit Zimt, Zitronenschale und Zucker zum Kochen bringen und mit Eigelb abziehen.
Rezept: Gudrun König, „Enzheimer Mühle", Altenstadt

Bierbowle

ZUTATEN:

6 Flaschen Export

2 Dosen Pfirsiche

Saft von 1 Pfirsich-Dose

1/2 Flasche Korn

1 Flasche Sekt

1 Flasche Orangensaft

5 El Zucker

Saft von 3 Zitronen

ZUBEREITUNG:
Die Pfirsiche in Würfel schneiden. Alle Zutaten mischen und die Bowle kühl servieren.
Rezept: Petra Ecker, Großalmerode

Groß-Zimmerner Bier-Cocktail

ZUTATEN:

4 cl Himbeerlikör

0,4 l Pils

1 kleines Bukett frische Minze

16 kleine Eiswürfel

ZUBEREITUNG:
Frisches kaltes Pils zapfen und auf vier Coctailgläser verteilen. Den Himbeerlikör zugeben, mit Eiswürfeln und Minze auffüllen.
Rezept: Richters Restaurant „Georgi", Groß-Zimmern

Birgits Erdbeerbowle mit Bier

ZUTATEN:

250 g Erdbeeren

3 El Zucker

2 Flaschen Weißwein

2 Flaschen Pils

ZUBEREITUNG:
Die Erdbeeren halbieren, mit Zucker bestreuen, mit einer Flasche Weißwein ansetzen und 1 Stunde ziehen lassen. Die restlichen Zutaten zugeben und die Bowle gut gekühlt servieren.
Rezept: Birgit Köhler, Großalmerode

Gewürzbier

ZUTATEN:

1 l Bier

1 Tl Kümmel

1 Tl Koriander

1 Tl Anis

ZUBEREITUNG:
Die Gewürze im Mörser zerstoßen und mit dem Bier zusammen erhitzen. Das warme Gewürzbier vor und nach den Mahlzeiten trinken.R
Rezept: Reiner Vigelahn, „Hotel Stern", Oberaula

Honigbier

ZUTATEN:

1/2 l Ale

2 El Honig

50 g Hafermehl

1 doppelter Whisky

ZUBEREITUNG:
Bier und Honig erwärmen, Hafermehl mit eiskaltem Bier anrühren und in die erwärmte Flüssigkeit geben. Das Honigbier kalt stellen. Vor dem Servieren den Whisky zugeben.
Rezept: Silvia und Christian Koch, „Restaurant Pempel", Großalmerode

Britischer Punsch

ZUTATEN:

1 l Ale

Saft von 2 Zitronen

2 Likörgläser Weinbrand

Muskat

Eiswürfel

ZUBEREITUNG:
Einen Mixbecher halb mit Eiswürfeln füllen. Zitronensaft und Weinbrand zugießen. Alles gut durchschütteln. Die Flüssigkeit in vier Gläser gießen und mit dem Bier auffüllen. Man kann den Punsch noch ganz leicht mit Muskat würzen.
Rezept: Björn Sippel, „Meißnerhof", Germerode

Hopfen-Cocktail

ZUTATEN:

250 ml Hopfen-Geist

(ein Bierbrand)

250 ml Orangensaft

125 ml Eierlikör

Eiswürfel

ZUBEREITUNG:
Den Hopfen-Geist mit Orangensaft und Eierlikör mischen, einen Eiswürfel zugeben und das ganze noch einmal gut verrühren.
Rezept: Björn Sippel, „Meißnerhof", Germeroder

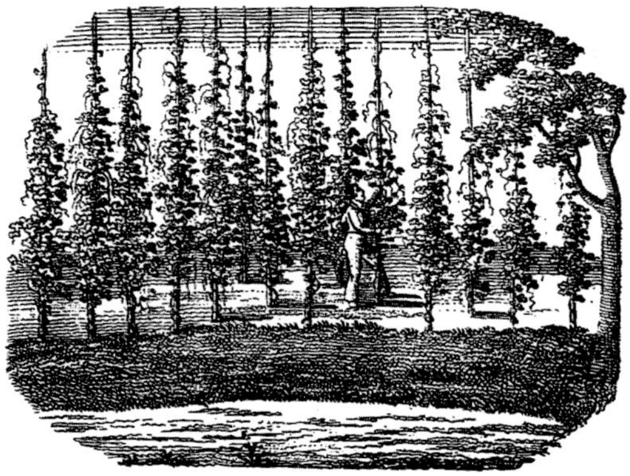

Ein Bier ist gesund, zwei Bier sind zweimal so gesund, aber vier Bier sind nicht doppelt so gesund wie zwei!

Schlafbier

ZUTATEN:

1 l dunkles Bier

1/8 l Milch

100 g Zucker

etwas Zimt

Schale von 1/2 Zitrone

3 Eigelb

1 Tl Stärkepulver

ZUBEREITUNG:
Das dunkle Bier mit Zucker, Zimt und geriebener Zitronenschale aufkochen, die Eigelbe und das Stärkepulver in der Milch verrühren und unter das Bier schlagen. Das Schlafbier durch ein Sieb geben und in heiße Tassen füllen. Der Abendtrunk fördert den tiefen Schlaf und hilft bei der Verdauung!
Rezept: Marlies Kalbfleisch, Willingshausen

Ankas Gesundheitstrank

ZUTATEN:

1/2 l Malzbier

1–2 Eigelb

1–2 Stück Traubenzucker

ZUTATEN:
Eigelb und Traubenzucker verrühren und gut schlagen. Das Bier langsam zugießen und dabei weiter schlagen bis es dickflüssig wird. Der Trank ist ein sehr gutes Kräftigungsmittel nach Erschöpfung, Überanstrengung und fiebriger Krankheit.
Rezept: Anka Becker, Willingshausen

Der xlvj bruder der do starb hiess
herttel wyrprew.

— Welches Bierchen soll's denn sein? —

Für manchen Biertrinker ist die Farbe des Bieres – hell oder dunkel – die wichtigste Unterscheidung. Für den Kenner aber eröffnen sich noch viel mehr geschmackliche Spielarten beim Gerstensaft. Und wer seinen Gästen einmal etwas Besonderes bieten möchte, der sollte statt einer Weinprobe mal eine zünftige „Bierprobe“ wagen!

Vollbier

… ist die Bezeichnung für alle Biere, die eine Stammwürze von 11–16 Prozent aufweisen. Dazu zählen knapp 99 Prozent der Biere in der Bundesrepublik – unter anderem die untergärigen Sorten Pilsbier, Export, Dunkel, Hell, Lager, Märzen und Spezial sowie die obergärigen Sorten Alt, Kölsch, Weizenbier und Malz.

Starkbier

… heißen alle Biere, die mehr als 16 Prozent Stammwürze haben. Dazu gehören vor allem das Bockbier und die Doppelbockbiere. Bei den Starkbieren liegt der Alkoholgehalt zwischen 6 und 7 Prozent. Die Starkbiere machen in Deutschland rund 1 Prozent der Biere aus. Das Starkbier war auch früher sehr beliebt, denn es ließ sich in Holz viel besser lagern als Leichtbier, da es die Innenseite des Fasses mit einer Kruste überzog.

Schank- oder Einfachbiere

… dazu zählen Biere mit 4–11 Prozent Stammwürze.

Alkoholfreies Bier

… gibt es in vielen Varianten – als unter- oder obergäriges Schankbier oder als Pilsner, als Lager oder Weizenbier. Der Alkoholgehalt muss unter den vorgeschriebenen 0,5 Volumenprozent liegen. Um den natürlichen Alkoholgehalt zu reduzieren, dämmen die Braumeister entweder die Alkoholbildung während des Gärprozesses ein oder sie entziehen dem Bier nach abgeschlossenem Brauvorgang nachträglich den Alkohol.

Tiefe Bierkeller wurden übrigens meist direkt neben die Brauhäuser gebaut. Zur zusätzlichen Kühlung sägten die Brauer im strengen Winter Stangeneis aus den umliegenden Weihern und Teichen. Auch dass heute noch in einem typischen Biergarten Kastanien stehen, hat seinen historischen Ursprung: Die Kastanien sollten das Bier im Sommer vor der Sonne schützen.

Bockbier und Doppelbock

… sind untergärige Starkbiere, gebraut aus Gerstenmalz. Ursprünglich gehörten beide Biere in die kalte Jahreszeit. Bockbier und Doppelbock werden vor allem in Süddeutschland gebraut. Bockbier hat einen Stammwürzegehalt von 16–18 Prozent und ist entsprechend stark. Der Alkoholgehalt liegt bei 7 Prozent. Der Doppelbock ist das Stärkste aller deutschen Biere und darf nach Handelsbrauch nicht weniger als 18 Prozent Stammwürze und 7,5 Prozent und mehr Alkohol haben.

Der helle Maibock muss über 16 Prozent Stammwürze haben bei durchschnittlich 7 Prozent Alkohol.

Maibock durfte früher nur während der ersten Maihälfte und am Fronleichnamsfest ausgeschenkt werden. Einige Tage vorher fand die Bockprobe statt – bei Bockwürsten und Bockbier. Zu Ehren des heiligen Bocks wurde dabei sogar oft ein temperamentvoller Bock von einem Studenten durch die Bockkeller geführt. Als Gegenstück zum „Starken Bock“ gab es in den Brauhäusern der Jesuiten ein schwacher Bock, die „sanfte Geis“.

Das Bockbier wurde in Einbeck nahe Hannover erfunden und schon Martin Luther schätzte es sehr. In München leistete ein Einbecker Braumeister Hilfestellung – so kam der Bock in den Freistaat.

Märzen

… das früher im März zuletzt gebraute Bier erhielt den Namen „Märzenbier“, es wurde der notwendigen Haltbarkeit wegen besonders stark eingebraut. Das „Märzen“ wird heute gern als Spezialität in Süddeutschland bei Volksfesten getrunken. Es schmeckt malzig, süffig, ein wenig süß und besticht durch seine sattgelbe Farbe. Es hat mindestens 13 Prozent Stammwürze – das entspricht einem Alkoholgehalt von ca. 6 Prozent.

Untergärige Biere

Pils

… ist sicherlich der berühmteste Biertyp der Welt! Es ist untergärig, herb, hopfenbetont, hell und spritzig. Ein gutes Pils ist frisch und hat eine feste, sahnige Schaumkrone. Der Stammwürzegehalt liegt bei knapp 12 Prozent, der Alkoholgehalt bei ca. 5 Prozent. Das Pilsener, kurz Pils, stammt aus Pilsen in der einstigen Tschechoslowakei. Bayerische Brauer begründeten Mitte des 19. Jahrhunderts den weltweiten Ruf des böhmischen Bieres. Pilsbiere reiften anfangs in kilometertiefen Sandsteinkellern, die genau die richtige Temperatur der Reife brachten.

Seit 1900 gilt ein Gerichtsurteil: Pilsner ist keine Herkunfts-, sondern eine Gattungsbezeichnung. Helle, stark gehopfte Biere dürfen seither als Pils bezeichnet werden.

Ab 1872 übrigens wurde das „Pilsener“ in Berlin Mode und galt bald als das eleganteste Getränk der Hauptstadt.

Export-Bier

… ist ein helles, nicht zu stark gehopftes Bier. Export wird stärker als Pils eingebraut. Es schmeckt vollmundig und malzaromatisch. Export hat eine Stammwürze von 12,5 Prozent (Alkoholgehalt von 5,5 Prozent). Früher wurde das hoch geschätze Export mit der gerade gebauten Eisenbahn ins umgebende Europa exportiert – daher der Name. 1868 rollte sogar ein besonders starkes Doppelbier auf den Gleisen bis nach Indien. Nach der Jahrhundertwende spricht man bei „Export“ noch von „Versandbier“ – erst später setzte sich die Bezeichnung „Exportbier“ durch. Das Bier galt einst als Luxusgetränk – anders als heute.

Lagerbier

… ist ein Vollbier mit einem Durchschnittswert von 11,6 Prozent Stammwürze. Seinen Namen hat das „Lager“ aus Zeiten, als im 16. Jahrhundert nur im Winterhalbjahr gebraut werden durfte. Mit der Einführung der untergärigen Brauweise wurde die Lagerung immer wichtiger. Das Bier wurde in kühle Sommerkeller ausgelagert. Nach dem Dreißigjährigen Krieg wanderte die Beliebtheit des Lagers von Süden nach Norden. Mit dem Lagerbier fing übrigens auch die Gemütlichkeit der Biergärten an. Unter Kastanienbäumen durften die Brauer Tische und Bänke aufstellen, allerdings war es ihnen nicht erlaubt, eine Brotzeit zu verkaufen, die musste sich jeder Gast selbst mitbringen. Diese alte Sitte geht auf einen Rechtsstreit zwischen Brauereien und Wirten zu Zeiten König Ludwigs I. zurück. Die Münchner Wirte hatten damals die Brauereien beschuldigt, sie wollten ihnen mit dem Bierausschank das Geschäft verderben und verlangten ein Verbot der Speiseausgabe. Der König gab der Klage der Wirte Recht. Und so gilt es heute noch als zünftig, sich in alter Tradition in den Biergärten sein „Zubeiß“ selbst mitzubringen.

Obergärige Biere

Weißbier

… kam ursprünglich aus Bayern und aus dem bayerischen Wald. Im 16. Jahrhundert wurde durch den bayerischen Uradel verboten, das goldgelbe obergärige Getränk zu brauen, weil es angeblich ein unnützes Getränk sei, das nicht nähre, keine Kraft gäbe, sondern nur zum Trinken reize.
Unter den Weißbieren hat sich der obergärige Kristallweizen einen Namen gemacht; er wurde früher auch gern „Champagner-Weizen" genannt und mit einer Zitronenscheibe serviert. Man trank das erfrischende Getränk gern am Vormittag.
Freunde gewann auch schnell das hefetrübe Weißbier mit traditioneller Flaschengärung. Mehr als beim untergärigen Bier gibt es gerade beim Weißbier spezielle Liebhabereien.
Die Weiß- oder Weizenbiere haben 11 Prozent Stammwürze.

Kölsch

… ist ein helles obergäriges Vollbier mit besonderer Betonung des Hopfencharakters. Seine Herstellung ist auf den Kölner Raum beschränkt. Kölsch ist hell und hochvergoren und hat einen Stammwürzegehalt von meist 11,5 Prozent.

Alt

… ist ein obergäriges Vollbier aus Gerstenmalz mit dunkler Farbe und betontem Hopfencharakter. Charakteristisch ist, dass verschiedene Gerste- und Hopfensorten verwendet werden. Der Stammwürzegehalt beträgt beim Alt ca. 12 Prozent. Das Alt ist ein Alltagsgetränk im Düsseldorfer Raum und am Niederrhein.

Berliner Weiße

… ist hell, schwach gehopft und hat einen hohen Kohlesäuregehalt. Sie zählt mit nur 7–8 Prozent Stammwürze gleichzeitig zu den Schankbieren. Berliner Weiße wird aus einem Gemisch von Gersten- und Weizenmalz zubereitet. Man trinkt sie gern mit einem Schuss Himbeersaft oder Waldmeister aus großen Glaspokalen.

Malzbier

… zur Hälfte aus der Verwendung von Braumalz. Die heutzutage erhältlichen Malzbiere sind gar keine „Biere", da sie alle mit Zucker und Traubenzucker hergestellt werden, also nach dem Reinheitsgebot gar nicht als Bier bezeichnet werden dürfen. Sie heißen deshalb auch „Malztrunk". Der Malztrunk gilt als alkoholfrei, er hat, wie Apfelsaft, weniger als 0,5 Prozent Alkohol.

Bier ist gesund

Was steckt im Bier? Die größte Menge – nämlich nahezu 88 % – ist Wasser. Dazu kommen 4 % Kohlenhydrate, 0,3–0,5 % Eiweiß und besonders interessant: Vitamine! Vor allem die Hefe sorgt dafür, dass allein sieben Vitamine der B-Gruppe im Bier enthalten sind. Sie sorgen für rege Nerventätigkeit, für die Bildung der roten Blutkörperchen, für Kreislauf und für den Stoffwechsel. Ebenso wichtig ist die Nikotinsäure, die nichts mit dem Rauchen zu tun hat! Jeder Mensch braucht für seinen Stoffwechsel 12–18 Milligramm Nikotinsäure täglich. Ein Liter Bier besitzt davon bereits die Hälfte!

■ Bierkonsum in Maßen kann der Gesundheit zuträglich sein. Er vermindert das Risiko, an Herzkrankheiten oder grauem Star angeblich bis zu 50 Prozent – das jedenfalls war das Ergebnis eines wissenschaftlichen Forschungsprojekts in Kanada.

■ Biergenuss soll angeblich auch gut gewesen sein gegen Tuberkulose. Statistisch hatten die Beschäftigten im Brauergewerbe nur halb so häufig Tuberkulose wie andere Berufsgruppen. Wissenschaftler bestätigen, dass die Bitterstoffe im Hopfen das Tuberkulosewachstum hemmen können.

■ Bei Nierenerkrankungen – besonders bei Nierensteinen – wird Bier schon seit Jahrhunderten verordnet. Es enthält praktisch kein Kochsalz und kann dadurch Salz aus dem menschlichen Körper ausscheiden. Außerdem wirkt Bier sehr förderlich auf die Durchblutung der Nieren und auf die Harnausscheidung.

■ Bierhefe macht schön! Die Tabletten aus Trockenhefe enthalten viel Vitamin B, Aminosäuren, Spurenelemente und Mineralstoffe und haben eine belebende Wirkung auf Haut, Haare und Fingernägel. Trockentreber – ein hochwertiger Rückstand aus der Braugerste – ist die Grundlage für hautfreundliche Cremes und Lotionen.

■ Ein Liter Bier enthält:
ca. 45 % des Tagesbedarfs an Magnesium
ca. 20 % des Tagesbedarfs an Kalium.

Tipps und Tatsachen:

Bierflecken- kein Problem!
Was für ein Unterschied, ob man Rotwein oder Bier verschüttet! Bierflecken lassen sich am besten mit warmem Wasser herauswaschen. Sie hinterlassen dann keine Ränder.

Bier und Kalorien
Macht Bier dick? Ja, aber nur dann, wenn man zuviel davon trinkt oder den Genuss mit fettem Schweinebraten, Würsten und viel Brot begleitet. Bier ist im Getränkevergleich nämlich ein ausgesprochen kalorienarmes Getränk. Nur Mineralwasser, Kaffee und Tee ohne Zucker und Sahne enthalten als Getränk weniger Kalorien. Milch, Wein und Obstsäfte dagegen bringen mehr Kalorienpunkte. Pro 100 g schlägt das Bier nur mit 45 Kalorien zu Buche – die Hälfte dieser Kalorien entfallen übrigens auf den Alkohol! Ein Glas Bier hat ca. 76 Kalorien.

Wer trinkt am meisten?
Durchschnittlich trinkt jeder Deutsche 147 Liter Bier pro Jahr!
Dabei gibt es ein deutliches Süd-Nord-Gefälle. Jeder Norddeutsche genießt nur durchschnittlich 59 Liter jährlich. Mit rund 240 Maß Bier pro Kopf und Jahr sind die Bayern die größten Biertrinker – und das nicht nur in Deutschland, sondern auf der ganzen Welt!

Kein Stammtisch ohne Bier
Jeder fünfte Mann in Deutschland ist regelmäßiger Stammtischgast. 86 Prozent der Männer geben Bier als beliebtestes Stammtisch-Getränk an und über 60 Prozent kommen sogar vor allem deshalb zum Stammtisch, weil sie dort ein gutes Bier trinken wollen!

Woher kommt das Wort Bier?
Keiner weiß es genau. Stammt der Name nun aus dem Althochdeutschen „Bior“ oder aus dem Lateinischen „bibere“ = trinken.

Aberglaube rund ums Bierglas

Mancher alte Aberglaube rankte sich um das Bier und um den Biergenuss. Wen wundert's bei so reicher Vergangenheit, dass der schäumende Gerstensaft so viel Symbolgehalt hat! So soll es zum Beispiel auch heute noch Glück bringen, wenn man von Bier träumt: Den Träumer erwartet am folgenden Tag eine freudige Überraschung, so jedenfalls behauptet die alte Traumdeutung. Auch galt ein Traum von Bier und Brot als Symbol für langes Leben. Wer vom Bier im tiefen Keller träumt, darf dies als Heilsbotschaft werten.

■ Neugeborene Kinder wurden in alten Zeiten mit Bier abgewaschen, dem man zerlassene Butter beigemischt hatte. Das sollte ihnen die Glieder stärken.

■ Wenn das Bier gärte, befestigten viele unserer Vorfahren ein Holzscheit auf dem Gärbottich und darauf ein Häuflein Salz und eine Schere. Die Schere sollte das Eindringen böser Mächte in den Gerstensaft verhindern. Oft wurde auch ein Holzkreuz auf den Gärbottich gelegt, auf dessen vier Enden Salz gestreut wurde, damit niemand das Gebräu „berufen" konnte. In die Tür stellte man einen hölzernen Querbaum, der verhindern sollte, dass „verderbliche Einflüsse den Brauraum betreten".

■ Ins Bierhorn der Germanen wurden übrigens auch bereits Sprüche eingeritzt, die dem Trinker angeblich die Gabe verliehen, sich beim Gelage durch große Reden und beieindruckendes Handeln auszuzeichnen.
In der Mittsommernacht legte die Hausmutter in Schweden große Leinenlaken auf den Wiesen aus „um Hefe zu sammeln". Der Johannistau, den man dann frühmorgens in den nassen Tüchern fand, wurde ausgepresst, mit Mehl angerührt und im Sauerteig aufbewahrt. Er galt als wunderwirkendes Gärmittel.

■ In Süddeutschland hieß es in manchen Regionen, im Bier habe sich der „Biermolch" versteckt. Er saufe das ganze Bier aus und durchsetze den Rest mit einem berauschenden Gift. Als „Bierseel" wurde übrigens ein unruhiger Hausgeist bezeichnet, der nachts angeblich alles zerschlug, wenn man ihm nicht einen Krug Bier hinstellte. Das dreibeinige Ungetüm springe außerdem die heimkehrenden Zecher an und bleibe so lange auf ihnen hocken, bis man ihnen ein entsprechendes Quantum an Gerstensaft hingestellt hätte. Daher auch die Redewendung: „Der Bieresel geht um!"

■ Bier zur Fastnacht getrunken sollte zu einem langen Leben verhelfen.
Wer weiß, vielleicht hat auch der Frühschoppen in solcherlei Bräuchen seinen Ursprung!

■ Und nicht zuletzt gilt ein Biertrunk am Neujahrstag als besonders verjüngend: Über denjenigen, der am ersten Tag des Jahres wacker zum Bierglas griff, hieß es:
„Er verjüngt sich und wird rot!"

Mittelalterlicher Ratschlag für eine gute Verdauung

„Nimm ein guten Trunck frisch Bier,
thue eine Baumnuß groß Butter dazu und zwen
frischer Eyerdotter, zerklopf die Eyerdotter wol mit
dem Bier, thu ferner dazu anderthalb Loth Speißzucker
zu Pulver gestoßen, setze es auf ein Hafen mit
siedendem Wasser, rührs wol und laß es warm werden
biß der Butter vergeht und laß es nit sieden.
Das trinck also warm nüchtern, es sey vor Mittag oder
nach Mittag, nur ein halb Stund vor dem Imbiß, so erreicht es den Bauch und macht Stuhlgang.“

Großmutters Biertipps

■ Bei Frühjahrsmüdigkeit und Kopfschmerzen hilft es, jeden Morgen ein Glas Wasser zu trinken, das mit 2 El Bieressig und 1 Tl Honig verquirlt wurde. Die Flüssigkeit schlückchenweise zu sich nehmen.

■ Oh, welche Schande, wenn das Bier sauer wurde! Mit diesem Übel hatten die Wirte früher im Sommer oft zu kämpfen. Aus einem guten Sauerbier lässt sich jedoch immer noch ein vorzüglicher Bieressig bereiten. Er ist ein vorzüglicher Badezusatz und eignet sich als wirkungsvolle Spülung bei der Haarwäsche!

■ Für eine Bierkur 2 El Apfelessig und 1 Glas Wasser mischen, damit die Haare vor der Wäsche durchspülen und 10 Minuten einwirken lassen. Anschließend 1 Tl Honig, 1 Tl Shampoo, 1 Glas Wasser und 2 El Apfelessig vermischen und die Haare damit waschen. Diese Kur hilft gegen Schuppen und Kopfjucken.

■ Bier wurde in früheren Zeiten als natürlicher Haarfestiger benutzt. Die Haare nach dem Waschen mit Bier spülen. Die im Bier enthaltene Stärke festigt das Haar und beim Trocknen verschwindet auch der Biergeruch.

■ Für die Verdauung ist es gut, morgens und abends ein Glas Wasser mit 2 El Bieressig zu trinken.

■ Bei Grippe mit Bieressig gurgeln und ein Glas heißes Wasser, das mit Honig und 2 El Bieressig verrührt wurde schlückchenweise trinken.

■ Für schönere Haut ins Badewasser 2 Tassen Bieressig geben, das fördert die Durchblutung der Haut. Beim Haarspülen, Waschen und Baden stets dem Wasser etwas Bieressig zufügen.

Ein reiner frischer Gerstensaft
gibt Herzenmut und Muskelkraft.

Hessische Liebeserklärung ans Bier

von Mundartsänger Hans-Peter Langlotz

„Also ich persönlich trinke ja am liebsde e gezappt Bier vom Faß, do dro erkennt mer en guude Wirt, wenn die Leidung gefleecht is, de Druck in die Temperatur schdimme, dann i des Bierdrinke e heilich Handlung, wie unsern Kirchediener immer saache dud. Un mer muß wadde kenne bis es gezapt is, e guud Bierche; wer net wadde kann, des is aach kaan echte Biertrinker, sacht unsern Wirt immer.

All gucke se erwartungsvoll, wann de Wirt mit seim Tablett ohn Tisch kimmt, kunstvoll hot er fast zehn Minute en Schaum uffs Glas gezaubert, daß es eine wahre Pracht is. De Schaum steht leicht zitternd hoch iwwer de Glasrand enaus un die Schdammtischbrüder lecke sich schon es Maul. „Prost" hääsds dann, mer nickt sich zu, des Glas in de Hand un wann dann so de erschde Schluck voller Genuß enablääft, do maant mer, e barfüßig Kätzi ded aahm die Kehl enunner laafe.

Noch besser schmecke duds, wann mer in ene biertrinkende Gesellschaft is, des hasd, wann noch mer gleichgesinnde mit ahm zusamme Bier trinke dun, un wann dann noch e Blasmusig schbield, also e Mussig zum Biertrinke, wie mer bei uns saache dud. Dann is des wie Weihnachde un Osdern uff aan Daach, odder wie die Neumodische saache: ‚Höchste Lebensqualität.'

Bier ist ja ein Genuß- und Lebensmittel, daher kimmt aach der Spruch: ‚Des bibssi Hunger, des ich hab, kann ich auch trinke!'

Weil ja so en Frühschobbe manchmal bis in die späte Abendstunde gehen kann, muß mer sein Hunger halt enunner trinke, ganz klar. Je länger so e Biertischrunde dauert, umso gescheiter wern die Sprüch. Un die Biertischweisheite – ganz zu schweiche von de Biertischpolidik – sin ja bekanntlich net zu verachte.

Da hat doch letzt widder emal de Karl ohgefange zu filosofiern: ‚In Ägypten', hat er gesacht, hawwe se schon vor fünftausend Joahr Bier gebraut, un die große Bierkelle stehn heute noch, die Bieramieden. Un die wo ihr Bier newech trinke dun – also in de Näh – die trinke halt in de Bierinnähen.'Oh je, do hat awwer der Schullerern, der aach debei saß, abgewunge un nur noch mit dem Kopp geschüttelt. Dann hat awwrer der Karl weiter gesacht: ‚Wenn aaner siebzehn Bier trinke kann un noch grad steht, dann is es en Bierograd!'Oh weh, oh weh! Awwer mer derf des halt alles net so bierernst sehe, am beste, mer kloppt sich uff de Bierbauch un acht immer druff, daß mer sein Bierdurschd behält.

Also Ihr Leut – prost auf en gudes Bier!"

Wie wünschen sich Männer eine Frau?

Prickelnd wie ein Weizenbier,
elegant wie ein Pilsener,
bodenständig wie ein Export,
süß wie ein Malzbier
und umwerfend wie ein Doppelbock.